Sekundarstufe

Rudi Lütgeharm

Gebirge & Berge der Erde

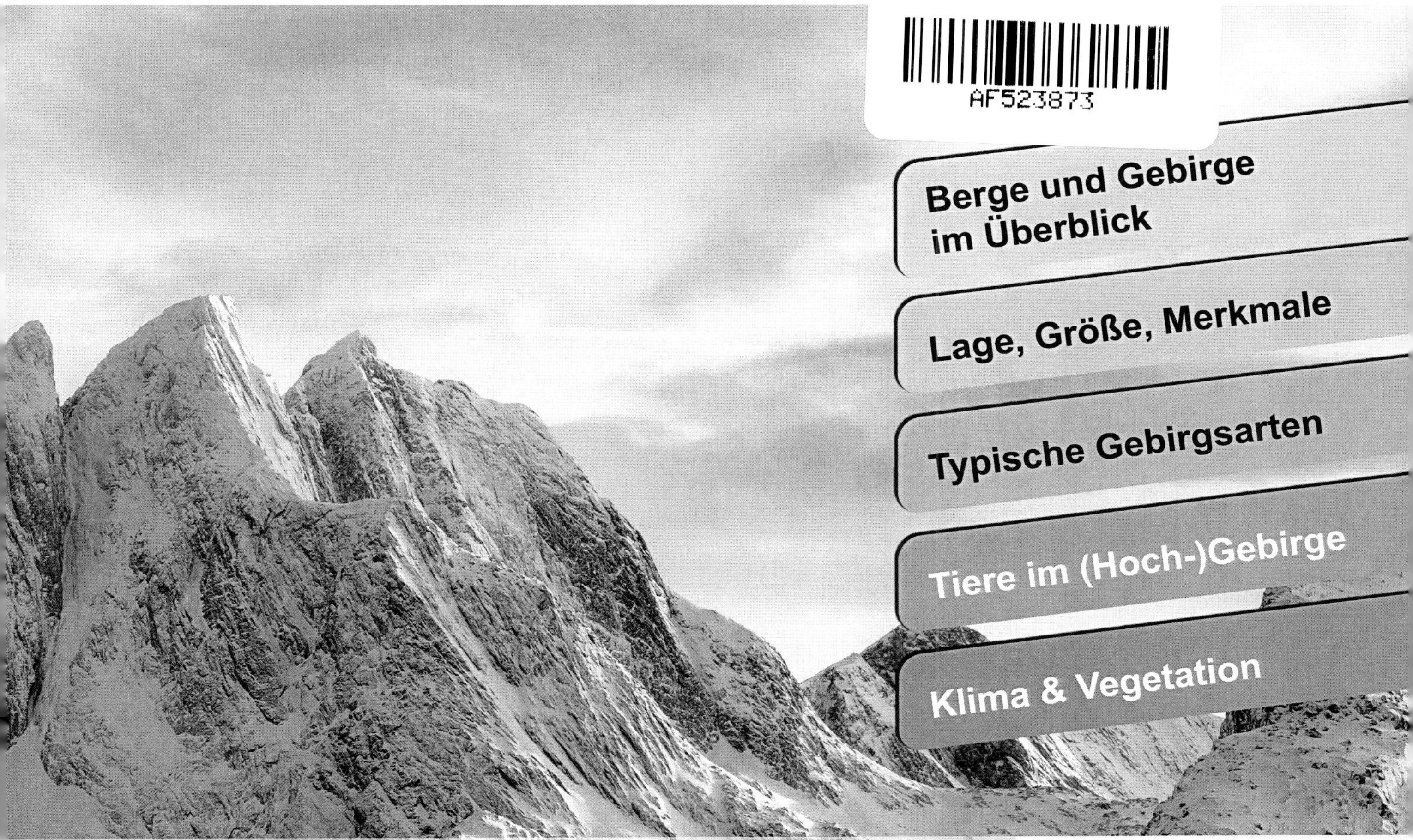

Berge und Gebirge im Überblick

Lage, Größe, Merkmale

Typische Gebirgsarten

Tiere im (Hoch-)Gebirge

Klima & Vegetation

- Sachinformationen
- Texte, Karten & Grafiken
- Aufgaben mit Lösungen

www.kohlverlag.de

Gebirge & Berge der Erde

Sekundarstufe

1. Auflage 2024

Inhalt: Rudi Lütgeharm
Umschlagbild: © Mumemories - AdobeStock.com
Redaktion: Kohl-Verlag
Grafik & Satz: Eva-Maria Noack / Kohl-Verlag
Druck: Druckhaus Flock, Köln

Bestell-Nr. 13 036

ISBN: 978-3-98841-075-7

Inhalt

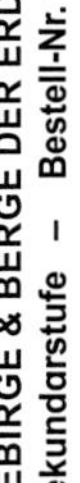

Vorwort und Einführung

Gebirge und Berge sind riesig und ragen teilweise viele Kilometer in die Höhe. Es sind äußerst vielfältige Lebensräume mit einer vielfältigen Fauna und Flora. Jede ihrer Höhenstufen ist durch besondere Klima- und Vegetationsverhältnisse geprägt und jede Höhenstufe besitzt eine andere Landschaftsform. Das Ökosystem von Gebirge und Hochgebirge ist einzigartig, sehr sensibel, anfällig und bedroht.

K2 – zweithöchster Berg der Welt

Wusstest du, dass ...

- Gebirge Lebensräume für 10 % der Weltbevölkerung sind?
- Gebirge rund 27 % unserer Erdoberfläche bedecken?
- Gebirge als „Wassertürme“ das kostbare Nass speichern und damit die in die Tiefländer reichenden Flüsse speisen – was deren Nutzung oft erst möglich macht.
- die Himalayaflüsse *Ganges und Indus* die Bewässerung der landwirtschaftlich genutzten Ebenen garantieren und durch die mitgeführten Sedimente die Bodenfruchtbarkeit aufrecht erhalten.

Den Gebirgen und Bergen drohen Gefahren – ihre Belastung, sei es durch Entwaldung, durch landwirtschaftliche Übernutzung und durch Massentourismus nimmt besorgniserregend zu.

Ein gebirgsübergreifendes Problem stellt der globale Klimawandel mit seinen Auswirkungen auf die natürlichen (gegebenen) Lebensbedingungen in den Hochgebirgen dar. Unterrichtsinhalte und Themen, die sich mit den Bergen und Gebirgen auf der Erde beschäftigen, sind hochaktuell, weil sie aufgrund des Klimawandels angepasst werden müssen.

Das Schmelzen von Gebirgsgletschern ist ein bedeutendes Anzeichen für den Klimawandel. Weltweit ziehen sich die meisten der rund 200.000 Gletscher zurück, und seit den 1970er-Jahren hat sich dieser Rückzug beschleunigt. Die Hauptursache für das Gletscherschmelzen sind die globalen Temperaturzunahmen.

Während Naturereignisse wie Bergstürze, Schlammlawinen oder Überschwemmungen zunehmen, dringt der Mensch immer weiter in die Gebirgsräume vor.

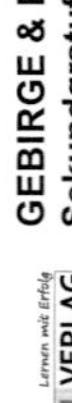
KOHL VERLAG
GEBIRGE & BERGE DER ERDE
Sekundarstufe – Bestell-Nr. 13 036

Vorwort und Einführung

> Das Jahr 2002 erklärten die Vereinten Nationen zum „Internationalen Jahr der Berge“. Ein Jahr später verabschiedete die UN-Generalversammlung eine Resolution und der 11. Dezember wurde zum internationalen Welttag der Berge (International Mountain Day).
>
> **Ziel ist es, Menschen für die Probleme und die Besonderheiten von Bergregionen zu sensibilisieren.**

Um das Bewusstsein der Schüler für diese Problematik zu sensibilisieren, ist es zunächst wichtig, grundlegende Kenntnisse über die Gebirge und Berge zu vermitteln. Je mehr die Schüler über unsere Gebirge und Berge sowie die Unterschiede zwischen Mittel- und Hochgebirge erfahren (wissen), desto besser können sie und wir alle gemeinsam die Ökosysteme Gebirge und Berge verstehen und schützen.

Dieses Buch beinhaltet Themen mit folgenden Schwerpunkten:

- ✓ Unterschiede zwischen einem Hügel, einem Berg und einem Gebirge;
- ✓ Mittelgebirge: Entstehung – Lebensraum – Klima;
- ✓ Hochgebirge: Entstehung – Lebensraum – Klimawandel;
- ✓ die höchsten Berge in Deutschland: Höhe – Lage – Erstbesteigung;
- ✓ die 10 höchsten Berge der Erde: Höhe – Lage – Erstbesteigung;
- ✓ die 7 höchsten Berge auf den Kontinenten: Seven Summits;
- ✓ die 10 längsten Gebirgszüge der Erde.

Schritt für Schritt werden den Schülern* Kenntnisse über Berge und Gebirge, ihre Lage und Besonderheiten mit verständlichen Texten und anschaulichen Abbildungen vermittelt.

> Welche Gebirge und Berge gibt es, wo liegen sie, wie groß sind ihre Flächen, wie lang sind die Gebirgsketten, in welchen Länder liegen sie oder an welche Länder grenzen sie an, welche Besonderheiten sind charakteristisch für den Berg/die Gebirge usw.

Grundlegendes Wissen rund um die Gebirge und Berge wird in diesem Buch „schülergerecht“ beschrieben und mit vielen Abbildungen sowie Karten veranschaulicht; dabei werden auch immer topographische Grundkenntnisse vermittelt oder ergänzt.

Mit diesen Kenntnissen werden die Schüler in die Lage versetzt, eventuelle ökologische, soziale und wirtschaftliche Folgen der Bedrohung der Gebirge und Berge „anders zu sehen“ und zu beurteilen.

Erfolgreiches Lernen, intensive und aufklärungsreiche Unterrichtsgespräche und viel Freude mit diesem Buch wünschen Ihnen das Kohl-Redaktionsteam und

Rudi Lütgeharm

**Mit den Schülern bzw. Lehrern sind im ganzen Heft selbstverständlich auch die Schülerinnen und Lehrerinnen gemeint!*

Was ist ein Hügel – ein Berg – ein Gebirge?

Begriffe – Merkmale – Unterschiede

Bei allen drei Begriffen handelt es sich um natürliche Erhebungen der Erdoberfläche. Welche Unterschiede gibt es zwischen einem Hügel und einem Berg? Wann kann man von einem Berg sprechen? Welche Merkmale machen ein Gebirge aus? Viele Fragen, die hier zunächst zum besseren Verständnis erläutert werden.

Hügel oder Berg?

Die Bestimmung/Bezeichnung eines Hügels ist unterschiedlich. In der Regel wird aber ein relativer Höhenunterschied von höchstens 200 Metern zwischen Gipfel und Umland angenommen. Insgesamt sind Berge imposante Erhebungen mit steilen Hängen und einem klaren Gipfel, während Hügel kleinere, sanftere Anhöhen sind, die sich in die Landschaft einfügen.

Höhe

- Ein Hügel ist eine kleinere Erhebung, hat eine geringe Höhe und fügt sich sanft in die umgebende Landschaft ein.
- Bei einem Hügel wird ein Höhenunterschied von höchstens 200 Metern zwischen Gipfel und Umland angenommen.
- Ein Berg ist in der Regel viel höher und steiler als ein Hügel.
- In Deutschland und Österreich wird oft eine Mindesthöhe von etwa 300 Metern angegeben, um einen Berg von einem Hügel abzugrenzen. Diese Höhe ist jedoch nicht weltweit verbindlich festgelegt.

Form

- Hügel haben eine sanftere und gewölbte Form.
- Berge haben oft steile Hänge und einen ausgeprägten Gipfel.

Eigenständigkeit

- Ein Hügel kann Teil eines Berges sein, z. B. als Erhebung am Fuß eines Berges.
- Ein Berg kann aber nie Teil eines Hügels sein.
- Typisch für einen Berg ist seine „Eigenständigkeit", d.h. er weist ausreichend Abstand zu anderen Bergen aus. Das Gegenstück zum Berg ist das Tal.

Hügel – sanfte und gewölbte Form

Biberkopf (2599) – höchster Berg im Allgäu

GEBIRGE & BERGE DER ERDE
Sekundarstufe – Bestell-Nr. 13 036
KOHL VERLAG

1 Was ist ein Hügel – ein Berg – ein Gebirge?

Berge und Hügel in den Bundesländern

Im Folgenden werden die höchsten Gipfel/Berge in den Bundesländern aufgelistet. Dabei fällt auf, dass nur 10 von den 16 aufgeführten Bergen als „echte Berge“ bezeichnet werden können. In Schleswig-Holstein, Mecklenburg-Vorpommern, Berlin, Hamburg, Bremen und Brandenburg sind die höchsten Erhebungen nur Hügel!

1. Bayern: Zugspitze (2962 m)
2. Baden-Württemberg: Feldberg (1493 m)
3. Sachsen: Fichtelberg (1215 m)
4. Sachsen-Anhalt: Brocken (1141 m)
5. Thüringen: Großer Beerberg (983 m)
6. Niedersachsen: Wurmberg (971 m)
7. Hessen: Wasserkuppe (950 m)
8. Nordrhein-Westfalen: Langenberg (843 m)
9. Rheinland-Pfalz: Erbeskopf (816 m)
10. Saarland: Dollberg (695 m)
11. Brandenburg: Kutschenberg (201 m)
12. Mecklenburg-Vorpommern: Helpter Berge (179 m)
13. Schleswig-Holstein: Bungsberg (167 m)
14. Berlin: Arkenberge (121 m)
15. Hamburg: Hasselbrack (116 m)
16. Bremen: Friedehorstpark (33 m)

Berg oder Gebirge?

Das Wort „Berg“ wird regional unterschiedlich wahrgenommen und gedeutet. Was im Flachland ein Berg ist, ist in den Alpen meist nur eine Erhebung. Geologisch und geographisch zusammengehörige Berge bilden ein Gebirge oder einen Gebirgszug. Dabei wird zwischen Mittelgebirge und Hochgebirge unterschieden.

Den Unterschied kann man am einfachsten durch ein Beispiel verdeutlichen. Der *Mont Blanc* an der Grenze zwischen Frankreich und Italien ist mit 4805,59 m Höhe (Stand 2023) der höchste Berg der Alpen.

Im allgemeinen Sprachgebrauch versteht man unter einem Gebirge …

- eine Gruppe von Bergen, auch Gebirgsgruppe oder Gebirgszug genannt;
- eine gebirgige geographische Region, ein Gebirgsland (z. B. Chile und Bolivien).

Ein Gebirge ist eine Landschaft mit mehreren Bergen, Tälern und Hochflächen.

Die Alpen sind das höchste Hochgebirge in Mittel- und Südeuropa. Ein Berg ist eine einzelne Gipfelerhebung, während ein Gebirge eine Ansammlung von mehr oder weniger verbundenen Gipfeln darstellt. Geologisch und geographisch zusammengehörige Berge bilden ein Gebirge oder einen Gebirgszug. Dabei wird zwischen Mittelgebirgen und Hochgebirgen unterschieden.

Gebirgszug – Schweizer Alpen

Mont Blanc

1 Was ist ein Hügel – ein Berg – ein Gebirge?

Schon gewusst?

BERGE

- Ein Berg ist eine natürliche Erhebung auf der Erdoberfläche.
- In den Bergen gibt es verschiedene Ökosysteme und Tierarten.
- Berge entstehen durch tektonische Prozesse wie Plattentektonik und Vulkanismus.
- Berge beeinflussen das Klima und die Vegetation in ihrer Umgebung.
- Vulkane sind spezielle Arten von Bergen, die Lava ausstoßen können.
- Höchster Berg in Deutschland: Zugspitze mit 2962 m über dem Meeresspiegel.
- Höchster Berg in Europa: Mont Blanc mit 4810 m über dem Meeresspiegel.
- Höchster Berg der Erde: Mount Everest mit 8848 m über dem Meeresspiegel.
- Beliebte Aktivitäten in den Bergen sind Wandern, Skifahren und Klettern.
- Menschen haben seit jeher eine besondere Beziehung zu Bergen.

GEBIRGE

- Gebirge sind geologisch zusammenhängende Berge in einer Region.
- Gebirge erheben sich meist aus flacheren Umgebungen.
- Die höchsten Gipfel der Gebirge können mehrere tausend Meter hoch sein.
- Gebirge beeinflussen das Klima und die Vegetation ihrer Umgebung.
- Gebirge bieten Lebensraum für eine Vielzahl von Pflanzen und Tieren.
- Wind, Wasser, Schnee und Eis formen die Landschaften der Gebirge.
- Die Alpen sind das höchste und flächenmäßig größte Gebirge in Europa.
- Mit einer Länge von 7000 km sind die Anden das längste Gebirge der Erde über dem Meeresspiegel. Sie erstrecken sich von Norden nach Süden über die Länder Venezuela, Kolumbien, Ecuador, Peru, Bolivien, Chile und Argentinien.
- Bergsteigen, Wandern und „Mountainbike-Fahren“ sind beliebte Aktivitäten in Gebirgsregionen.

Aufgabe 1: 

Erläutere die Unterschiede zwischen einem Hügel und einem Berg.

Aufgabe 2:

Was versteht man unter dem Begriff „Gebirge“?

Aufgabe 3: 

Wie heißt das längste Gebirge der Welt und über welche Länder erstreckt es sich?

2 Die höchsten Berge in Deutschland

Höhe – Lage – Erstbesteigung

Zugspitz-Nordwand

Zugspitze

Die Zugspitze ist der höchste Gipfel des Wettersteingebirges und Deutschlands höchster Berg.
Höhe: 2962 m ü.NHN[1]
Lage: Das Zugspitzmassiv liegt südwestlich von Garmisch-Partenkirchen in Bayern und im Norden Tirols. Ein Teil des Zugspitzmassivs liegt auf österreichischem Staatsgebiet.
Gebirge: Wettersteingebirge
Merkmale/Besonderheiten: Erreichbar per Seilbahn oder zu Fuß über verschiedene Routen. Die historische Zugspitzbahn fährt seit 1926 zum Gipfel hinauf. Bietet atemberaubende Aussicht auf die umliegende Landschaft. Gletscher bedecken Teile des Gipfels. Die Grenze zwischen Deutschland und Österreich verläuft über den Gipfel.
Erstbesteigung: Die erste namentlich nachgewiesene Besteigung der Zugspitze gelang 1820 dem Vermessungsingenieur und damaligen Leutnant des bayerischen Heeres Josef Naus, seinem Messgehilfen Maier und dem Bergführer Johann Georg Tauschl.

Hochwanner-Nordwand

Hochwanner

Der Hochwanner ist ein Berg im Wettersteingebirge, das an der Grenze zwischen Bayern und Tirol liegt.
Höhe: Er ist mit 2744 m ü.NHN der zweithöchste Berg Deutschlands.
Lage: Der Hochwanner liegt auf der deutsch-österreichischen Grenze zwischen Garmisch-Partenkirchen und Leutasch.
Gebirge: Wettersteingebirge
Merkmale/Besonderheiten: Der Hochwanner ist trotz seiner Höhe und seiner über 1400 m abfallenden Nordwand (einer der höchsten Felswände in den gesamten nördlichen Kalkalpen) ein relativ unbekannter Berg geblieben. Häufig wird der deutlich bekanntere, jedoch weniger hohe Watzmann als zweithöchster Berg Deutschlands bezeichnet.
Erstbesteigung: 3. August 1871 durch Hermann von Barth.

1 Das Normalhöhennull (NHN) ist die Bezeichnung für die Angabe von Höhen über dem Meeresspiegel in Deutschland. Es ist seit 1993 der Nachfolger des 1879 eingeführten Normalnull (NN).

2 Die höchsten Berge in Deutschland

Watzmann

Der Watzmann ist der zentrale Gebirgsstock der Berchtesgadener Alpen.
Höhe: 2713 m ü. NHN
Lage: Der Watzmann liegt im äußersten Südosten Oberbayerns im Nationalpark Berchtesgaden in den Gemeinden Ramsau und Schönau am Königssee.
Gebirge: Berchtesgadener Alpen
Merkmale/Besonderheiten: Die Watzmann-Ostwand ist die höchste Wand der Ostalpen, die als „Watzmannfrau" bezeichnet wird.
Erstbesteigung: im August 1800 durch Valentin Stanic.

Watzmann mit „Frau" links und „Kindern" (Mitte) von Norden

Dreitorspitze

Die Dreitorspitze ist ein mehrgipfliges, mächtiges und sehr markantes Gebirgsmassiv im östlichen Teil des Wettersteingebirges. Es wird unterteilt in die Partenkirchner (2633 m ü. A.) und die Leutascher Dreitorspitze (2682 m ü.A.), wobei beide jeweils mehrere Gipfel aufweisen.
Höhe: 2682 m ü.A.[2]
Lage: Bayern, Deutschland und Tirol, Österreich
Gebirge: Wettersteingebirge
Merkmale/Besonderheiten: Der Hauptgipfel des vierthöchsten Bergmassivs Deutschlands ist die Leutascher Dreitorspitze, die auch als Karlspitze bezeichnet wird.
Erstbesteigung: Westgipfel der Partenkirchner Dreitorspitze: K. Kiendl, J. Grasegger (1854) – Übergang zum Mittelgipfel und zur Leutascher Dreitorspitze: Hermann von Barth (1871).

Leutascher Dreitorspitze von Norden

2 Österreich: m ü. Adria, m ü.A. oder müA, umgangssprachlich auch Seehöhe, Adriahöhe oder Gebrauchshöhe

KOHL VERLAG GEBIRGE & BERGE DER ERDE Sekundarstufe – Bestell-Nr. 13 036

2 Die höchsten Berge in Deutschland

Hochkalter

Der Hochkalter ist ein Berg in den Berchtesgadener Alpen, Bayern, Deutschland.
Höhe: 2607 m ü.NHN
Lage: Das Hochkaltermassiv befindet sich westlich des Watzmannmassivs und liegt wie dieses im Nationalpark Berchtesgaden.
Gebirge: Berchtesgadener Alpen – Der Hochkalter ist Teil des Nationalparks Berchtesgaden.
Merkmale/Besonderheiten: Der Hochkalter ist ein beeindruckender Berg in den Alpen, der für seine steilen Felswände und schneebedeckten Gipfel bekannt ist. Das Hochkaltergebirge besteht wie die kompletten nördlichen Kalkalpen aus einer Mischung von Dolomit und Kalkstein.
Erstbesteigung: Fürstbischof Schwarzenberg mit Gremminger, Tatz und Wein, 1830

Hochkalter

Biberkopf

Der Biberkopf ist ein Berg in den Alpen auf der Grenze von Deutschland und Österreich.
Höhe: 2599 m ü.A.
Lage: Er liegt in den Allgäuer Alpen auf der Grenze von Bayern und Tirol.
Gebirge: Zentraler Hauptkamm, Allgäuer Alpen
Merkmale/Besonderheiten: Er bietet einen Panoramablick vom Gipfel auf die Allgäuer Alpenlandschaft. Der Biberkopf wird gelegentlich als südlichster Punkt Bayerns bzw. Deutschlands bezeichnet.
Erstbesteigung: 1853 im Rahmen der Landesvermessung

Biberkopf mit Walsersiedlung Bürstegg im Sommer

2 Die höchsten Berge in Deutschland

<u>Großer Hundstod</u>
Der Berg zählt zu den höheren Bergen in den Berchtesgadener Alpen.
Höhe: 2593 m ü.NHN
Lage: Er liegt auf der Grenze zwischen Deutschland und Österreich (Bayern/Land Salzburg). Der Große Hundstod gehört zum Nationalpark Berchtesgaden.
Gebirge: Berchtesgadener Alpen
Merkmale/Besonderheiten: Er ist bekannt für seine steilen Felswände und bietet eine fantastische Aussicht auf die umliegende Landschaft. Der Name des Berges bezieht sich auf die Watzmannsage, in der die Hunde des Watzmann vom Hundstod herabstürzen.
Erstbesteigung: 4. September 1825 durch Karl Thurwieser mit Führer J. Ebser

Großer Hundstod von Westen

<u>Hochvogel</u>
Der Hochvogel ist ein beeindruckender Berg in den Allgäuer Alpen, an der Grenze zwischen Tirol und Bayern. Über seinen Gipfel verläuft die Grenze zwischen Deutschland und Österreich.
Höhe: 2592 m ü.A.
Lage: Grenze Tirol, Österreich/Bayern, Deutschland. Der Berg ist Teil des Naturschutzgebiets Allgäuer Hochalpen.
Gebirge: Allgäuer Alpen
Merkmale/Besonderheiten: Der Hochvogel bietet eine atemberaubende Aussicht auf die umliegende Berglandschaft. Er ist bekannt für seine markante Form und Felswände.
Erstbesteigung: 1832 durch Trobitius (erster dokumentierter Erstbesteiger)

2 Die höchsten Berge in Deutschland

Aufgabe 1: 

Wie heißt der höchste Berg Deutschlands und wie ist sein Gipfel zu erreichen?

____

____

Aufgabe 2: 

Nenne den Zeitpunkt und den Namen der Erstbesteigung des Watzmann. Nenne die Besonderheit des Watzmann.

____

____

Aufgabe 3: 

a) *Welcher Berg ist hier abgebildet? Nenne den Namen und die Höhe.*

____

b) *Setze die die Puzzleteile so zusammen, dass du den Berg erkennen kannst.*

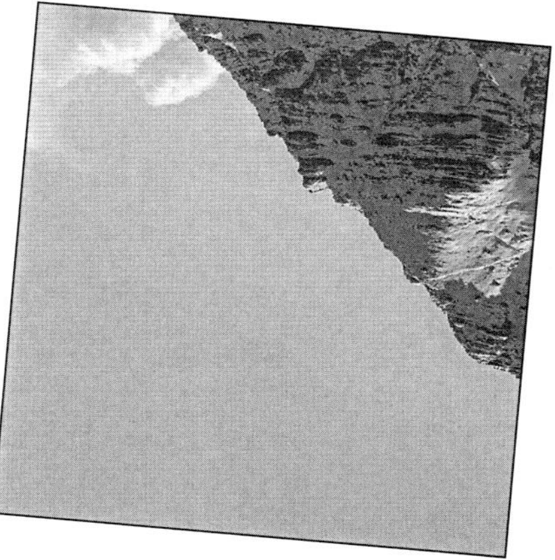

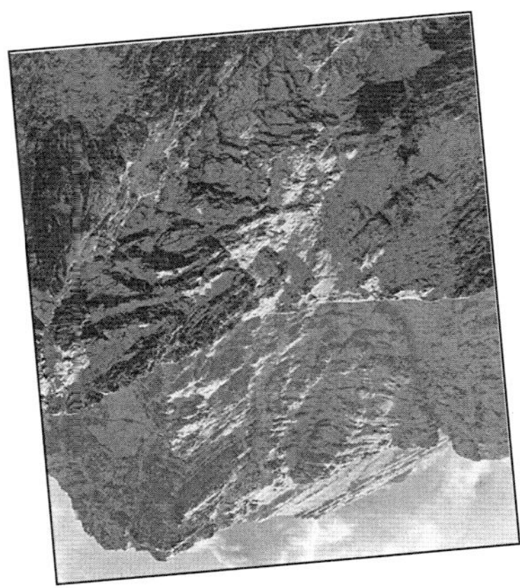

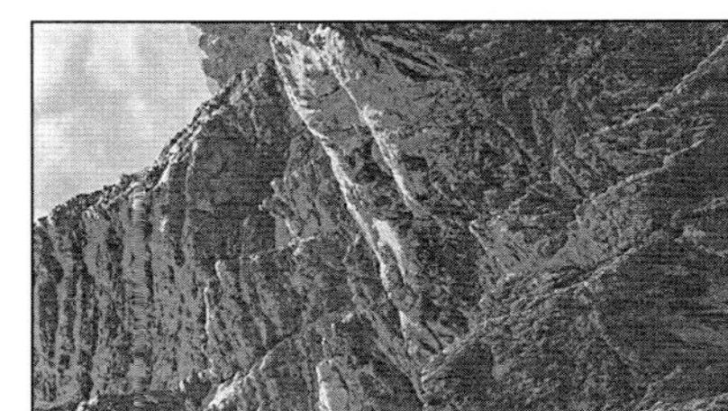

3 Die 10 höchsten Berge der Erde – im Himalaya – Asien

Höhe – Lage – Erstbesteigung

Die meisten der höchsten Gipfel der Welt befinden sich an den Rändern der indischen und eurasischen tektonischen Platten in den Ländern Nepal, Indien, China und Pakistan – in den Gebirgsketten des Himalaya und des Karakorum. Asien ist der Kontinent mit den höchsten Bergen der Erde – 14 Achttausender. Das Tibet-Plateau („Dach der Welt") wird auch das Plateau von Tibet oder das Binnenplateau Asiens genannt. Der erste Mensch, der alle 14 Achttausender bestiegen hat, ist der am 17. September 1944 in Brixen (Südtirol/Italien) geborene Reinhold Messner. Die 10 höchsten Berge der Welt liegen alle in Asien (in den Gebirgsketten des Himalaya und Karakorum) und werden im Folgenden vorgestellt und beschrieben.

Mount Everest

Er ist der höchste Berg der Erde. Der Mount Everest gehört auch zu den *Seven Summits*[1], den sieben jeweils höchsten Bergen der sieben Kontinente. Der Mount Everest ist seit 1856 nach dem britischen Landvermesser George Everest benannt. Der Mount Everest ist der bekannteste Gipfel unter den Seven Summits [Everest, Aconcagua, Denali, Kilimanjaro, Elbrus, Mount Vinson und Puncak Jaya (= Carstensz Pyramide)].

Höhe: 8848 Metern über dem Meeresspiegel
Lage: Der Mount Everest liegt an der Grenze zwischen Nepal und der Autonomen Region Tibet in China.
Gebirge: Himalaya
Land: China, Nepal

1 Die jeweils höchsten Berge der sieben Kontinente werden inoffiziell als die Seven Summits (englisch für „sieben Gipfel") bezeichnet.

3 Die 10 höchsten Berge der Erde – im Himalaya – Asien

Edmund Hillary und Tenzing Norgay

Merkmale/Besonderheiten: Extrem kalte Temperaturen und starke Winde machen die Besteigung gefährlich und stellen eine Herausforderung sogar für erfahrende Bergsteiger dar. Heute gibt es 20 Routen auf dem Mount Everest, wobei die Südroute und die Nordroute die beiden Standardrouten sind. Alle weiteren Routen sind technisch deutlich schwieriger und zum größten Teil nur einmalig begangen worden. Das Ziel ist immer das etwa zwei Quadratmeter große Gipfelplateau!

Erstbesteigung: am 29. Mai 1953 durch Edmund Hillary und Tenzing Norgay. 25 Jahre später, am 8. Mai 1978, schafften Reinhold Messner und Peter Habeler den Gipfel erstmals ohne zusätzlichen Sauerstoff zu erklimmen.

K2

Der K2 ist der zweithöchste Berg der Erde und der höchste im Karakorum, einem Gebirge, das sich über den Norden Pakistans, Indiens und den Westen Chinas erstreckt.
Höhe: 8611 m über dem Meeresspiegel

K2 – schneebedeckter Berg

Lage: Der K2 liegt auf der Grenze zwischen Pakistan und China im Nordwesten des Karakorums
Gebirge: Karakorum-Gebirge
Land: China, Pakistan
Merkmale/Besonderheiten: Der K2 trägt den Spitznamen „Wilder Berg“ und gilt unter Bergsteigern als der schwierigste aller vierzehn Achttausender, weit anspruchsvoller als der Mount Everest.
Erstbesteigung: Am 31. Juli 1954 waren die italienischen Bergsteiger Lino Lacedelli und Achille Compagnoni die ersten Männer, die den Gipfel des K2 erfolgreich bestiegen.

GEBIRGE & BERGE DER ERDE
Sekundarstufe – Bestell-Nr. 13 036

3 Die 10 höchsten Berge der Erde – im Himalaya – Asien

Kangchenjunga

Er ist der dritthöchste Berg der Welt und gleichzeitig der höchste Berg Indiens.

Höhe: 8598 m über dem Meeresspiegel

Lage: Er befindet sich im Kangchenjunga-Himal-Abschnitt des Himalaya-Gebirges, entlang der Grenze zwischen Indien und Nepal.

Gebirge: Himalaya

Land: Indien, Nepal

Merkmale/Besonderheiten: Der Kangchenjunga hat insgesamt fünf Hauptgipfel. Drei dieser Gipfel befinden sich an der Grenze zwischen dem indischen Bundesstaat Sikkim und dem östlichen Teil Nepals, während die beiden anderen Gipfel im nepalesischen Distrikt Taplejung liegen. Der Berg wird von den Bewohnern Sikkims und des Darjeeling-Distrikts in Westbengalen seit jeher als „heilig“ verehrt.

Erstbesteigung: Am 25. Mai 1955 waren die beiden englischen Bergsteiger Joe Brown und George Band die ersten, die den Kangchenjunga erfolgreich bestiegen.

Kangchenjunga

Lhotse

Lhotse

Der Lhotse ist Teil des Everest-Massivs und über den scharfkantigen Südsattel mit dem Mount Everest verbunden.

Höhe: 8516 m über dem Meeresspiegel

Lage: Er liegt im Mahalangur-Himal-Abschnitt der Himalaya-Bergkette an der Grenze zwischen der Khumbu-Region in Nepal und der Autonomen Region Tibet in China.

Gebirge: Himalaya

Land: China, Nepal

Merkmale/Besonderheiten: Neben dem Hauptgipfel besteht der Lhotse aus den kleineren Gipfeln Lhotse Middle und Lhotse Sar, die 8414 m bzw. 8383 m hoch sind.

Erstbesteigung: Am 18. Mai 1956 gelang es den Schweizer Bergsteigern Ernst Reiss und Fritz Luchsinger als ersten Bergsteigern, den Hauptgipfel des Lhotse zu besteigen.

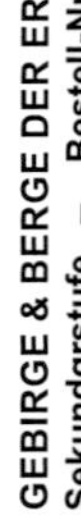

3 Die 10 höchsten Berge der Erde – im Himalaya – Asien

Makalu
Er ist der fünfthöchste Berg der Welt.
Höhe: 8485 m ü.NHN

Lage: Der Makalu liegt östlich des Mount Everest an der Grenze zwischen Nepal und dem Autonomen Gebiet Tibet.
Gebirge: Himalaya
Land: China, Nepal
Merkmale/Besonderheiten: Der Makalu ist vor allem wegen seines pyramidenförmigen Gipfels bekannt, zu dem auch zwei bemerkenswerte Nebengipfel gehören: der Kangchungtse oder Makalu II mit 7678 m und der Chomo Lonzo mit 7804 m.
Erstbesteigung: Die Franzosen Lionel Terray und Jean Couzy waren die ersten Bergsteiger, die den Makalu am 15. Mai 1955 erfolgreich bestiegen.

Cho Oyu
Er ist der sechsthöchste Berg der Welt.
Höhe: 8188 m über dem Meeresspiegel

Cho Oyu

Lage: Der Mount Cho Oyu liegt nahe der Grenze zwischen Nepal und China, etwa 20 km westlich des Mount Everest.
Gebirge: Himalaya
Land: China, Nepal
Merkmale/Besonderheiten: Der Cho Oyu gilt als der „leichteste" Achttausender, der bestiegen werden kann.
Erstbesteigung: Am 19. Oktober 1954 gelang den österreichischen Bergsteigern Herbert Tichy, Joseph Jöchler und dem einheimischen Sherpa Pasang Dawa Lama als ersten Bergsteigern die Besteigung des Cho Oyu.

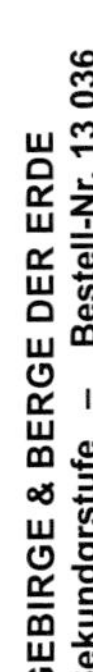

3 Die 10 höchsten Berge der Erde – im Himalaya – Asien

Dhaulagiri
Der Dhaulagiri war der erste entdeckte Achttausender und galt bis 1838 als der höchste Berg der Erde.
Höhe: 8167 m über dem Meeresspiegel

Lage: Er liegt vollständig auf dem Gebiet des Landes Nepal.
Gebirge: Himalaya
Land: Nepal
Merkmale/Besonderheiten: Das Dhaulagiri-Massiv wird im Südosten durch den Fluss Myagdi Khola, im Südwesten durch die Nebenflüsse des Bheri-Flusses begrenzt.
Erstbesteigung: Am 13. Mai 1960 bestieg ein Team von schweiz./österreich. Bergsteigern (Kurt Diemberger, Albin Schelbert, Peter Diener, Ernst Forrer und die beiden Sherpas Nawang Dorje sowie Nyima Dorje) als erstes den Dhaulagiri.

Manaslu
Der Name „Manaslu" kommt aus dem Sanskrit und bedeutet „Berg der Seele".
Höhe: 8163 m über dem Meeresspiegel
Lage: Der Berg befindet sich in der Mansiri-Himal-Untergruppe des nepalesischen Himalaya im Distrikt Gorkha in Nepal.
Gebirge: Himalaya
Land: Nepal

Merkmale/Besonderheiten: Der Name „Manaslu" wurde vom Sanskrit-Wort „Manasa" abgeleitet, das „Seele" oder „Intellekt" bedeutet. Gemeint ist mit dem Namen daher „Berg des Geistes" oder „Berg der Seele".
Erstbesteigung: Am 9. Mai 1956 bestieg ein japanisches Expeditionsteam unter der Leitung von Toshio Imanishi und Gyalzen Norbu als erstes den Manaslu. 1981 gelang den zwei Österreichern Sepp Millinger und Peter Wörgötter nach der Gipfelbesteigung die weltweit erste Abfahrt von einem 8000er auf Skiern.

3 Die 10 höchsten Berge der Erde – im Himalaya – Asien

Nanga Parbat

Der Nanga Parbat ist der einzige Achttausender im Westhimalaya, außerdem ist die gegen Süden gelegene Wand (Rupal-Flanke) mit 4500 m die höchste Gebirgswand der Erde.

Höhe: 8125 m über dem Meeresspiegel

Nanga Parbat – Berggipfel mit Gletscher

Lage: Der Nanga Parbat liegt unmittelbar südlich des Indus und bildet den westlichsten Gipfel der massiven Himalaya-Bergkette.

Gebirge: Himalaya

Land: Pakistan

Merkmale/Besonderheiten: Der Berg befindet sich im Distrikt Diamer in der Region Gilgit-Baltistan im pakistanisch verwalteten Kaschmir.

Erstbesteigung: Am 3. Juli 1953 bestieg der österreichische Bergsteiger Hermann Buhl als erster Bergsteiger den Nanga Parbat. Vorher waren bereits 31 Menschen bei vergeblichen Besteigungsversuchen um ihr Leben gekommen.
Reinhold und Günther Messner gelang es 1970 als erste, die sehr schwierige Südwand (Rupal-Flanke), die höchste Steilwand der Erde, zu erklettern. Beim Abstieg jedoch kam Günther Messner ums Leben.
1978 bestieg Reinhold Messner mit dem Nanga Parbat als erster Mensch überhaupt einen Achttausender von der Basis bis zum Gipfel im Alleingang. Er brauchte bis zum Gipfel 3 Tage.

3 Die 10 höchsten Berge der Erde – im Himalaya – Asien

Annapurna
Dies ist der am seltensten bestiegene Achttausender.
Höhe: 8091 m über dem Meeresspiegel

Annapurna

Die Annapurna-Bergkette, Nepal

Lage: Das Annapurna-Massiv ist Teil des Himalaya-Gebirges und befindet sich im zentralen Norden Nepals.
Gebirge: Himalaya
Land: Nepal
Merkmale/Besonderheiten: Im Annapurna-Massiv gibt es mehrere hohe Gipfel, von denen der Annapurna der höchste ist. Wie die meisten anderen hohen Berge ist auch der Annapurna extrem schwierig zu besteigen. Der Annapurna birgt eine extreme Lawinengefahr.
Erstbesteigung: Die französischen Bergsteiger Maurice Herzog und Louis Lachenal erreichten am 3. Juni 1950 als erste Bergsteiger den Gipfel des Annapurna.

Aufgabe 1:

Nenne die Personen und das Datum der Erstbesteigung des Mount Everest.

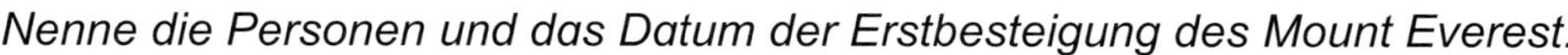

Aufgabe 2: 

Welcher Berg gilt unter Bergsteigern als der schwierigste Achttausender und welchen Spitznamen trägt er?

Aufgabe 3: 

Erkennst du die Achttausender am Profil? Trage jeweils Namen und Höhe ein.

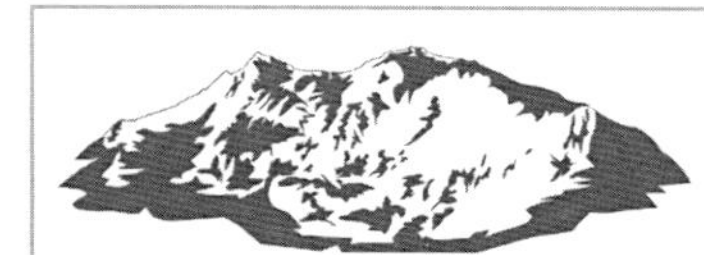

4 Die höchsten Berge der Kontinente (ohne Asien)

Seven Summits – Höhe – Lage – Erstbesteigung

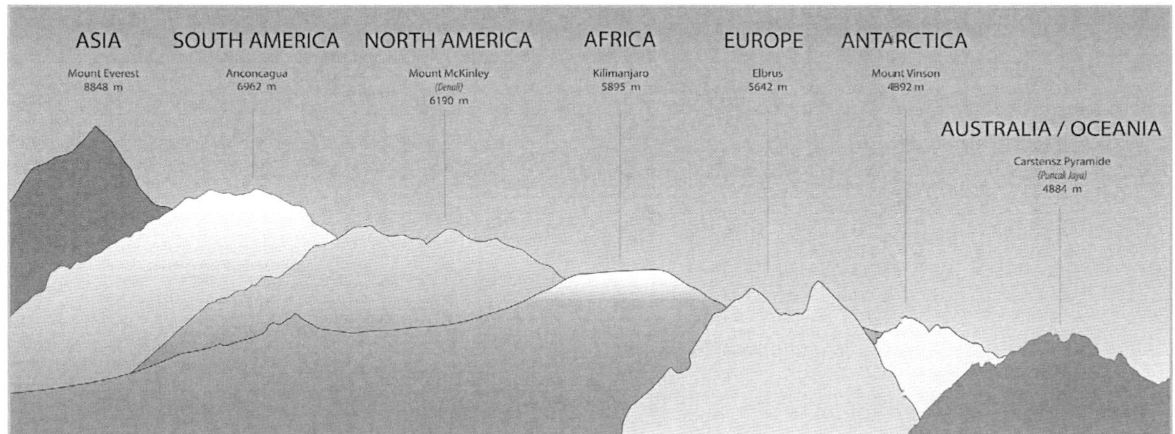

Die 187 höchsten Berge der Erde liegen in Asien (siehe Kapitel 4 – Die zehn höchsten Berge der Erde – im Himalaya – Asien). Der höchste außerasiatische Berg ist der Aconcagua mit 6961 m in Südamerika. Je nach Auffassung gibt es unterschiedlich viele Kontinente. Nach der Definition der *Encyclopaedia Britannica* gibt es 7 weltweit, namentlich in alphabetischer Reihenfolge: Afrika, Antarktika, Asien, Australien/Ozeanien, Europa, Nordamerika und Südamerika. Die jeweils höchsten Berge der sieben Kontinente werden inoffiziell als die *Seven Summits* bezeichnet. Jeder Berg ist ein begehrtes Gipfelziel für Bergsteiger – alle sieben Berge zugleich haben bisher nur einige wenige bestiegen. Richard „Dick" Bass (* 21. Dezember 1929 in Tulsa, Oklahoma, USA, † 26. Juli 2015 in Dallas, Texas) wird die Idee zugeschrieben, die jeweils höchsten Berge der sieben Kontinente zu besteigen. Er war auch der erste Bezwinger aller *Seven Summits*.
Diese höchsten Berge (*Seven Summits*) auf den Kontinenten werden im Folgenden der Höhe nach vorgestellt und beschrieben. Der höchste der *Seven Summits* ist der
Mount Everest – der höchste Berg Asiens und der Erde, Beschreibung siehe Kapitel 3.

Aconcagua in Südamerika

Der Aconcagua ist der höchste Berg Amerikas und der höchste Berg außerhalb Asiens. Der Berg gilt unter Bergsteigern als von der Nordseite relativ leicht zu ersteigender Berg.
Höhe: 6961 m über dem Meeresspiegel
Lage: Er liegt in den Anden, in der argentinischen Provinz Mendoza nahe der chilenischen Grenze.
Gebirge: Anden
Land: Argentinien
Merkmale/Besonderheiten: Für die Inka war er ein heiliger Berg. Beim Aconcagua handelt es sich um die Reste eines ehemaligen Vulkans.
Er besitzt 5 Hanggletscher und bis zu 10 km lange Gletscher. Ein Nebengipfel (6928 m) liegt südlich des Hauptgipfels. Der Aconcagua Nationalpark schützt die Umgebung des Berges seit 1983.
Erstbesteigung: 14. Januar 1897 durch Matthias Zurbriggen (Schweiz)

Aconcagua

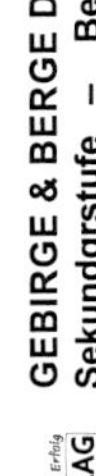

GEBIRGE & BERGE DER ERDE
Sekundarstufe – Bestell-Nr. 13 036

4 Die höchsten Berge der Kontinente (ohne Asien)

Denali in Nordamerika

Der Denali (von 1917-2015 offiziell Mount McKinley) in Alaska ist der höchste Berg Nordamerikas.

Höhe: 6190 m über dem Meeresspiegel

Lage: Alaska, USA

Gebirge: Alaskakette

Land: Vereinigte Staaten (USA)

Merkmale/Besonderheiten: Der Denali (Mount McKinley) ist für seine extremen Wetterverhältnisse bekannt. Mit starken Winden über 120 km/h und Temperaturen um –40 °C ist der Denali der kälteste der *Seven Summits*.

Erstbesteigung: am 7. Juni 1913 durch Walter Harper, USA

Kilimandscharo in Afrika

Der höchste Gipfel des Kilimandscharo-Massivs ist der Kibo. Er ist der höchste Berg Afrikas und gehört damit zu den Seven Summits.

Höhe: 5895 m über dem Meeresspiegel

Lage: Das Kilimandscharo-Massiv liegt im Nordosten Tansanias etwa 500 km nordwestlich der Stadt Daressalam und nahe der kenianischen Grenze.

Gebirge: Kilimandscharo-Massiv

Land: Tansania

Merkmale/Besonderheiten: Als Kilimandscharo wird das Bergmassiv bezeichnet, das aus drei erloschenen Vulkanen besteht. Oft wird dieses Massiv fälschlicherweise als höchster Berg Afrikas bezeichnet. Die Eisschicht hat sich zwischen 1912 und 2020 um 85 % verringert und wird voraussichtlich bis 2030 vollends verschwunden sein. Im Jahr 1987 wurde die Landschaft von der UNESCO zum Weltnaturerbe erklärt. Seit 1973 gibt es den Kilimandscharo-Nationalpark.

Erstbesteigung: 6. Oktober 1889 durch Hans Meyer (Deutschland), Ludwig Purtscheller (Österreich), Yohani Kinyala Lauwo (Tansania)

GEBIRGE & BERGE DER ERDE
KOHL VERLAG

4 Die höchsten Berge der Kontinente (ohne Asien)

Elbrus in Europa

Der Elbrus ist der höchste Berg Russlands und des Kaukasus und einer der *Seven Summits*. Ob der Elbrus oder der Mont Blanc als der höchste Berg Europas anzusehen ist, hängt von der Definition der innereurasischen Grenze ab.

In Bergsteigerkreisen gilt der Elbrus als höchster Berg Europas und gehört somit zu den *Seven Summits.*

Höhe: 5642 m über dem Meeresspiegel

Lage: Der Elbrus liegt im Süden Russlands, etwa 11 km nördlich der georgischen Grenze, etwa 270 km Luftlinie nordwestlich der georgischen Hauptstadt Tiflis.

Gebirge: Großer Kaukasus

Land: Russland

Merkmale/Besonderheiten: Der heutige Name Elbrus leitet sich vermutlich vom georgischen Wort für „kegelförmiger Berg" ab. Der Berg mit Doppelgipfel (Westgipfel Höhe 5642 m, Ostgipfel Höhe 5621 m) ist ein ruhender, stark vergletscherter Vulkan. Die Entfernung zwischen West- und Ostgipfel beträgt ca. 1500 m.

Erstbesteigung: Westgipfel (Hauptgipfel) am 26. Juli 1874 durch Frederick Gardiner, Florence Crauford Grove, Horace Walker, Peter Knubel.
Ostgipfel bereits am 22. Juli 1829 durch Kilar Chatschirow.

Elbrus mit Doppelgipfel

Mount Vinson

Mount Vinson in Antarktika

Der Mount Vinson ist der höchste Berg im Kontinent Antarktika. Der Berg wurde nach dem US-amerikanischen Senator Carl Vinson benannt, der die Erforschung der Antarktis förderte.

Höhe: 4892 m über dem Meeresspiegel

Lage: Ellsworthland in Westantarktika

Gebirge: Vinson-Massiv in der Sentinel Range des Ellsworthgebirges. Die *Sentinel Range* ist die nördliche Hälfte des Ellsworthgebirges im westantarktischen Ellsworthland.

Merkmale/Besonderheiten: : Die durchschnittliche Temperatur am Gipfel liegt bei –30 °C bis –40 °C. Bei einem Flug der US-Luftwaffe durch die Sentinel Range wurde der Berg im Januar 1958 entdeckt.

Erstbesteigung: 18. Dezember 1966 durch Pete Schoening, John Evans, Barry Corbet, Bill Long

GEBIRGE & BERGE DER ERDE
Sekundarstufe – Bestell-Nr. 13 036

4 Die höchsten Berge der Kontinente (ohne Asien)

Puncak Jaya in Australien/Ozeanien

Der Puncak Jaya, auch Carstensz-Pyramide genannt, ist der höchste Berg des Kontinents Australien/Ozeanien und weltweit der höchste Berg auf einer Insel. Den Namen „Carstensz-Pyramide“ erhielt der Berg nach dem niederländischen Seefahrer und Entdecker Jan Carstensz, der ihn im Jahre 1623 zum ersten Mal beschrieb.

Höhe: 4884 m über dem Meeresspiegel

Lage: Er befindet sich in Indonesien auf der Insel Neuguinea.

Gebirge: Der Puncak Jaya gehört zur *Sudirman Range* (Teil des Maokegebirges).

Merkmale/Besonderheiten: Politisch gesehen gehört der Berg zu Indonesien und damit zu Asien. Der Puncak bietet atemberaubende Ausblicke auf die umliegende Landschaft. In den Regenwäldern leben seltene Tier- und Pflanzenarten. Der Puncak Jaya ist von den *Seven Summits* einer der technisch am schwierigsten zu besteigenden Berge.

Erstbesteigung: 13. Februar 1962 durch Heinrich Harrer, Philip Temple, Russel Kippax, Albert Huizenga (mit Hilfe von über 100 Trägern der Dani).

Aufgabe 1: 

Was versteht man unter dem Begriff der „Seven Summits“ und wer hat als erster alle Seven Summits bestiegen?

Aufgabe 2: 

Welche Berge zählt man zu den Seven Summits?

Aufgabe 3: 

Hier ist etwas durcheinander geraten. Ordne Abbildung, Profil und Name des Berges jeweils durch Angabe der gleichen Nummer zu.

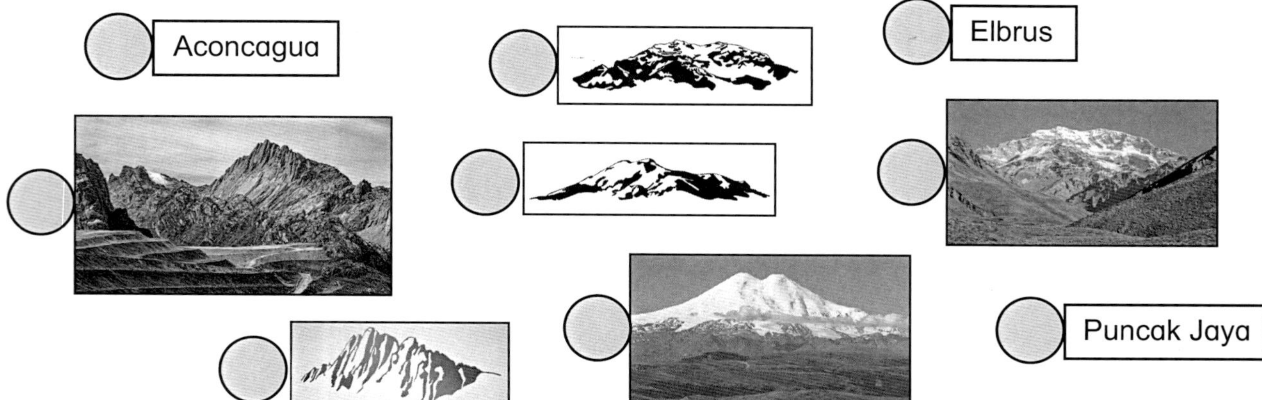

5 Was ist ein Mittelgebirge?

Merkmale – Klima – Höhenstufen

Mittelgebirge sind Bergformationen, die in der Regel zwischen 500 bis 1500 m über dem Meer liegen.

In Deutschland werden alle Gebirge zwischen dem Norddeutschen Tiefland und dem Alpenvorland als Mittelgebirge bezeichnet, die …

- eine ungefähre Höhe von 500-1500 m aufweisen;
- eine absolute Gipfelhöhe von 300-1500 m haben;
- eine *Reliefenergie* (Höhendifferenz zwischen höchstem und niedrigstem Ort in einem bestimmten Geländeausschnitt) von 200-1200 m besitzen.

Die deutschen Mittelgebirge sind die charakteristischsten und typischsten Landschaftsformen in Deutschland.

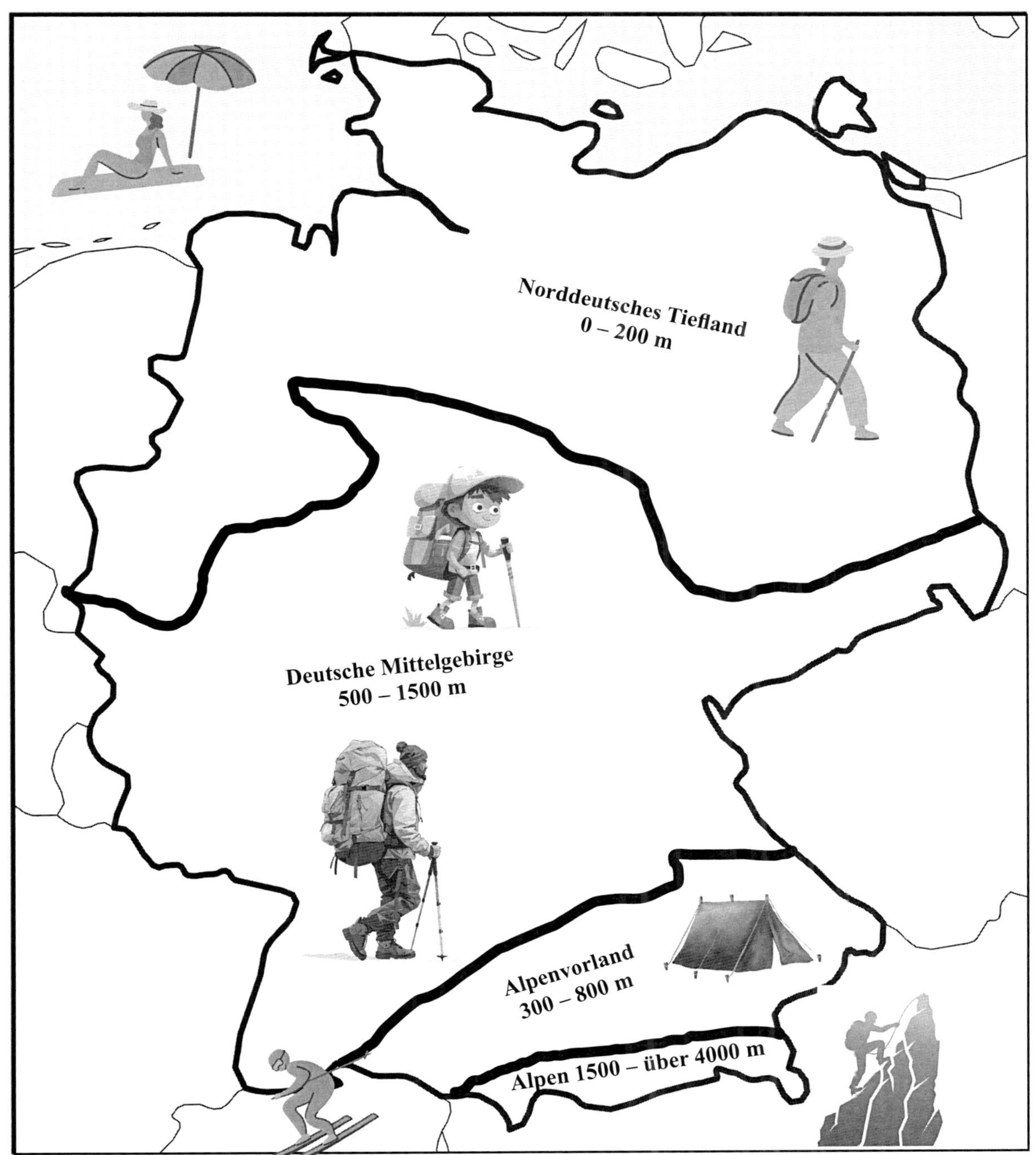

5 Was ist ein Mittelgebirge?

Merkmale von Mittelgebirgen

- ✓ Mittelgebirge ragen etwa 500-1500 m über den Meeresspiegel hinaus und überragen ihre Umgebung um etwa 200-1000 m.
- ✓ Die Landschaft von Mittelgebirgen ist eher hügelig und abgerundet.
- ✓ Mittelgebirge weisen starke Hangneigungen auf, die jedoch im Gegensatz zum Hochgebirge zumeist eher gerundet und weitgespannt sind.

Mittelgebirge Rhön

- ✓ Ein Mittelgebirge übersteigt nicht die Baumgrenze und ist auch in höheren Lagen nicht vergletschert.
- ✓ Mittelgebirge weisen aufgrund der geringen Höhe keine glaziale Stufe auf.
- ✓ Mittelgebirge haben nur wenige Höhenstufen, manchmal fehlen diese auch völlig oder sind kaum erkennbar, deshalb unterscheidet sich auch die Flora kaum von der Umgebung.
- ✓ Im Unterschied zu den Hochgebirgen gibt es wegen der geringen Höhe der Mittelgebirge nur wenige oder gar keine unterschiedlichen Höhenstufen der Vegetation.
- ✓ Mittelgebirge sind nicht vergletschert und meistens bis in die höchsten Lagen bewaldet.
- ✓ In Europa enden Mittelgebirge in der Höhenstufe *montan*. Diese Stufe wird daher auch *Mittelgebirgsstufe* genannt. Teilweise ragen sie in die Höhenstufe *subalpin* hinein.
- ✓ Mittelgebirge erstrecken sich über verschiedene Regionen und sind ein wichtiger Bestandteil der Landschaft.

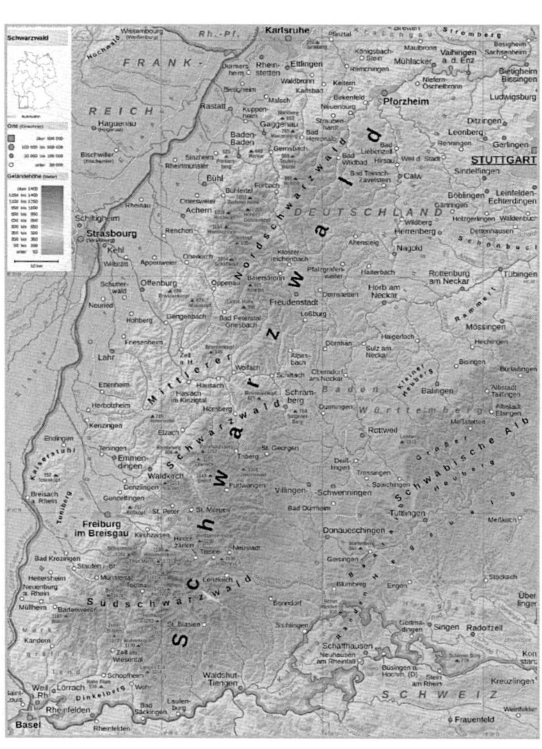

Beispiel: Der Schwarzwald liegt im Bundesland Baden-Württemberg und erstreckt sich in Nord-Süd-Richtung über eine Länge von ca. 150 km und in West-Ost-Richtung über eine Breite von bis zu 50 km.

Was ist ein Mittelgebirge?

Klima im Mittelgebirgen

Das Klima in den Mittelgebirgen kann man als gemäßigt bezeichnen. Es gibt aber aufgrund der geografischen Lage und den umgebenden Landschaften regionale Unterschiede.

In der **gemäßigten Zone** werden kaum extreme Temperaturen gemessen. Niederschläge fallen das ganze Jahr über, im Sommer als Regen oder Hagel, in der kalten Jahreszeit manchmal als Schnee. Auch Deutschland liegt in diesen gemäßigten Breiten, die zwischen den Subtropen und den Polargebieten liegen.

Klimatisch hebt sich ein Gebirge durch geringere Temperaturen und größere Niederschläge von den Randlandschaften ab. Im Mittelgebirge sind die Temperaturen im allgemeinen nur geringfügig kühler als in der Ebene. Insgesamt ist die Luft im Mittelgebirge etwas kühler und feuchter als im Umland. Aufgrund dieser Feststellungen unterscheidet sich das Leben im Mittelgebirge nur in den Höhen von dem des Umlandes. Mittelgebirge wirken sich auf das Umgebungsklima zwar nicht so stark wie ein Hochgebirge aus, aber dennoch spürbar. Sie halten Wind zurück und sorgen dafür, dass sich der Niederschlag anders verteilt. So entsteht häufig eine feuchte und eine trockene Seite am Gebirge, wie hier auf dem Bild im Harz.

Regelmäßige Niederschläge während des ganzen Jahres prägen den Mittelgebirgscharakter des Harzes.

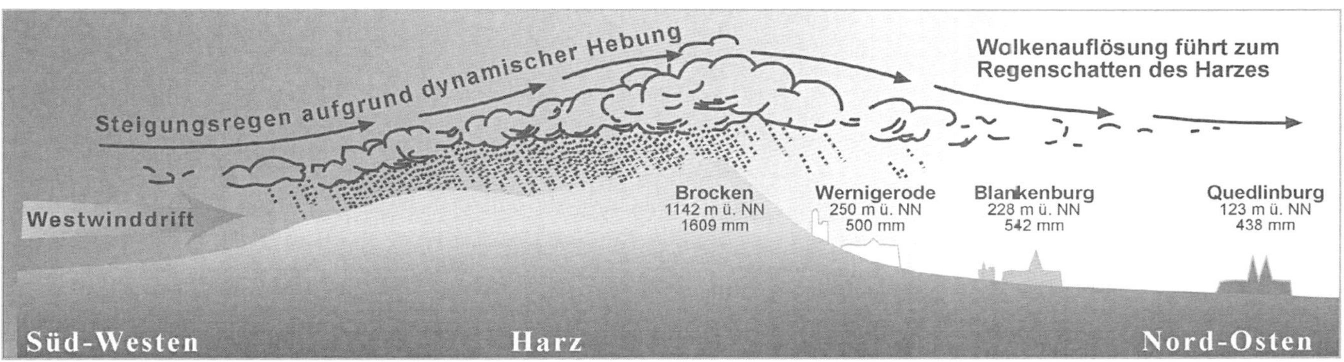

Regenreichen atlantischen Westwinden frei ausgesetzt, fallen auf der Luv-Seite (= Windseite) bis zu 1600 mm Regen im Jahr (Westharz, Oberharz, Hochharz), hingegen fallen (gebirgstypisch) auf der Lee-Seite durchschnittlich nur 600 mm Niederschlag im Jahr (Ostharz, Unterharz, östliche Harzabdachung). Der Brocken im Harz weist auf seinem Gipfel bereits <u>Hoch</u>gebirgsvegetation auf. Trotzdem zählt er mit 1142 m Höhe noch zu den Mittelgebirgen – der Übergang zwischen Mittel- und Hochgebirge verläuft hier fließend.

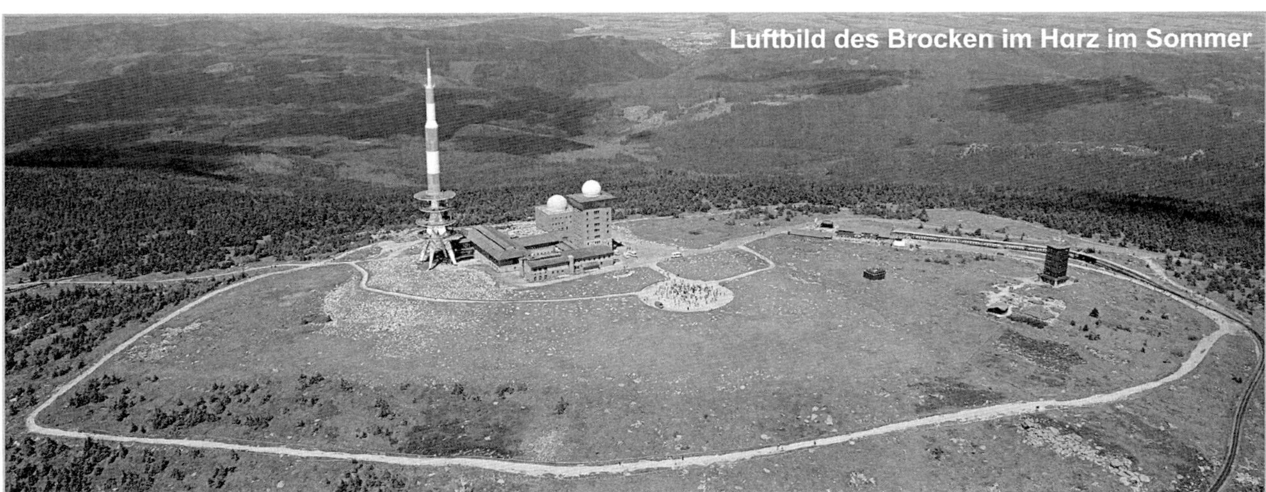
Luftbild des Brocken im Harz im Sommer

5 Was ist ein Mittelgebirge?

Höhenstufen
In Mitteleuropa liegt die Grenze zum Hochgebirge bei etwa 1500-1800 m. Die genaue Höheneinteilung variiert je nach Region. Dies entspricht der Grenze zwischen den Höhenstufen *montan* und *alpin*.
Die Höhenstufen der Vegetation werden zur Einteilung der Veränderungen der natürlichen Vegetation mit zunehmender Höhe eines Gebirges verwendet. Diese Stufen sind abhängig von der Breitenlage (auf der Erdkugel) und der Höhe des Gebirges. In Gebirgen bilden sich aufgrund der abnehmenden Temperatur und der zunehmenden Niederschläge verschiedene Vegetationszonen, für deren Höhe und Höhendifferenzen es keine gängigen Festlegungen gibt, sie sind je nach Region verschieden. In manchen Quellen werden nur 200m Reliefenergie angegeben, andere dagegen nennen bis zu 500 m. Im Gegensatz zum Hochgebirge übersteigt ein Mittelgebirge in der Regel nicht die Baumgrenze. In den Mittelgebirgen sind die Höhenstufen nicht so stark ausgeprägt wie im Hochgebirge. Mittelgebirge bestehen aus bis zu 3 Höhenstufen, und zwar: *collin*, *montan* und *subalpin*. Die genaue Zuordnung ist aber immer vom Standort und von der Lage des Mittelgebirges abhängig.
Die colline Höhenstufe (= Hügelstufe) reicht nördlich der Alpen bis 600 m ü.NHN, am Alpensüdfuß bis 800 m ü.NHN. Hier wachsen Eichen und Rotbuchen. Grundsätzlich unterscheidet sich die Vegetation in dieser Höhe kaum von der des Tieflandes. Für den Harz bedeutet das einen Bestand von Eichen und Buchen auf dieser Stufe, jedenfalls im Nordosten, im feuchteren Südwesten eher von Fichten. In der collinen Höhenstufe dauert die Vegetationsperiode ca. 250 Tage im Jahr.
An die colline Stufe schließt sich die montane Stufe (= Bergstufe) an, die durch Bergwälder gekennzeichnet ist sowie in eine untere (submontane Stufe) mit Laubmischwäldern und in eine obere (hochmontane Stufe) mit Nadelwäldern unterschieden wird. Sie reicht von 600 bis 1700 m ü.NHN.

Die Angaben zu den Höhenstufen/Höhenunterschieden sind nicht immer ganz eindeutig. Die anfangs genannten 500-1500 m, die ein Mittelgebirge über den Meeresspiegel hinausragt, sind daher keine festgelegten Größen. Einigen Quellen reicht bereits ein Höhenunterschied von 200 m für ein Mittelgebirge. Bei manchen Quellen befindet sich die colline Höhenstufe zwischen 300 und 700 m, bei manchen reicht sie bis zu 800 m und bei anderen sogar bis zu einer Höhe von 1000 m.

Aufgabe 1:

Nenne drei wichtige Merkmale von Mittelgebirgen.

____

____

Aufgabe 2:

In welcher Höhenstufe enden Mittelgebirge?

____

Aufgabe 3: 

Beschreibe grob die Lage der Mittelgebirge in Deutschland?

____

____

6 Mittelgebirge: Entstehung – Lebensaum – Klima

Variszische Orogenese – Mittelgebirgsschwelle – Nationalpark Harz

Mittelgebirge – Entstehung

Mittelgebirge sind extrem alte Gebirge. Die deutschen Mittelgebirge gehören zu den ältesten Europas. Die Entstehung der Mittelgebirge begann vor 400–250 Millionen Jahren. Der Beginn geht auf die variszische Orogenese zurück. Darunter wird die Gebirgsbildung im Mittleren Paläozoikum[1] verstanden, die durch die Kollision von Gondwana und Laurussia sowie mehrerer von Gondwana abstammender Mikroplatten (Terranes) verursacht wurde. Gondwana lag im Süden und Laurasia im Norden. Bei diesem geologischen Prozess schoben sich Kontinentalplatten unter großem Druck übereinander. Die Kollision führte zu Erderhebungen im ganzen heutigen Europa und zur Bildung von Gebirgen.

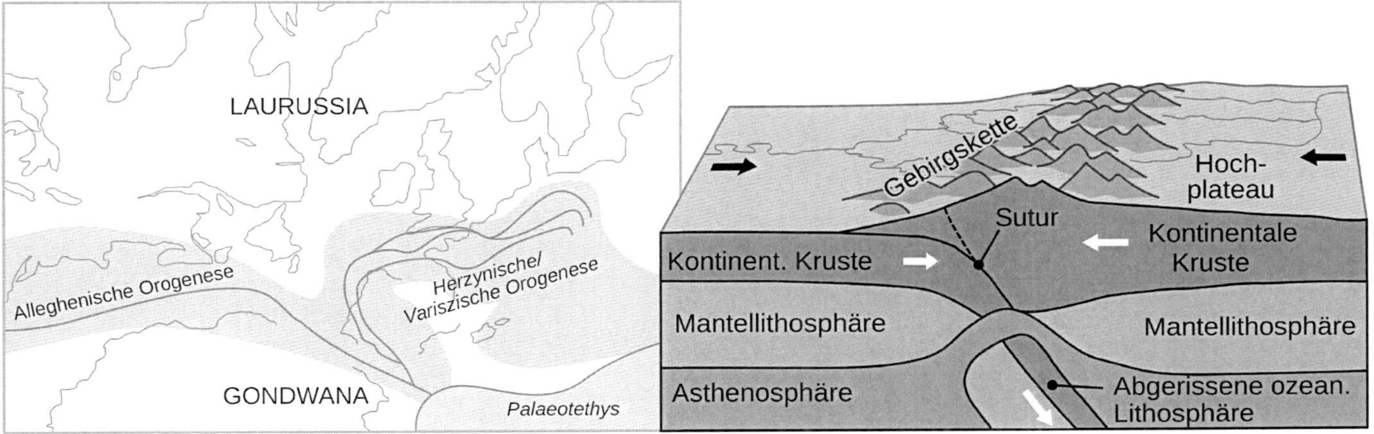

Im engeren Sinne bezeichnet **variszisch** die gebirgsbildenden Vorgänge bei der Kollision von Gondwana und Laurussia im heutigen Mittel-, West- und Südwesteuropa, im Osten Nordamerikas und im Westen Nordafrikas.

Der germanische Stamm der Varisker bzw. Narisker, auf den der Name zurückgeht, wird zwar mehrmals in römischen und spätrömischen Quellen in wechselnden Schreibweisen genannt, doch sind die Wohnsitze der Varisker nicht genau lokalisierbar. Es ist nicht gesichert, dass sie tatsächlich jemals im heutigen Vogtland ansässig waren.

Die variszische Orogenese ist für Mitteleuropa das wichtigste gebirgsbildende Ereignis – alle Bereiche in Deutschland sind durch die variszische Gebirgsbildung geprägt. Die meisten Mittelgebirge in Deutschland sind Überreste eines Hochgebirges, die durch weitere Gebirgsbildungsphasen an Höhe verloren und heute noch als die bekannten Mittelgebirge vorhanden sind.

1 Das **Mittlere Paläozoikum** meint den Zeitraum von vor ca. 542 Mio. Jahren bis vor ca. 251 Mio. Jahren.

Mitteleuropäische bzw. Deutsche Mittelgebirgsschwelle

Im Norden Mitteleuropas erstreckt sich die Mittelgebirgsschwelle. Ihr höchster Berg ist die Schneekoppe mit 1602 m. Über ihren Gipfel verläuft die Staatsgrenze zwischen Polen und Tschechien. Vor 1945 war die Schneekoppe der höchste Berg Preußens und der deutschen Mittelgebirge. Die Mittelgebirgsschwelle umfasst ein Gebiet in Europa, das durch Hügelländer und Mittelgebirge geprägt ist. Die Mittelgebirgsschwelle beginnt im Westen bei den belgisch-französischen Ardennen, reicht über die Mitte Deutschlands, Polens und Tschechien hinweg bis zu den Karpaten in Südostpolen und der Slowakei. In Deutschland wird die Mittelgebirgsschwelle im Norden und Westen durch die Norddeutsche Tiefebene abgegrenzt. Im Osten bildet der Oberlauf der Oder die Grenze. Im Süden trennt die Donau die Mittelgebirge von den Alpen. Der Harz, der Teutoburger Wald, die Rhön, der Thüringer Wald, das Fichtelgebirge, das Erzgebirge und der Bayerische Wald sind Mittelgebirge, die innerhalb dieses Gebietes liegen.

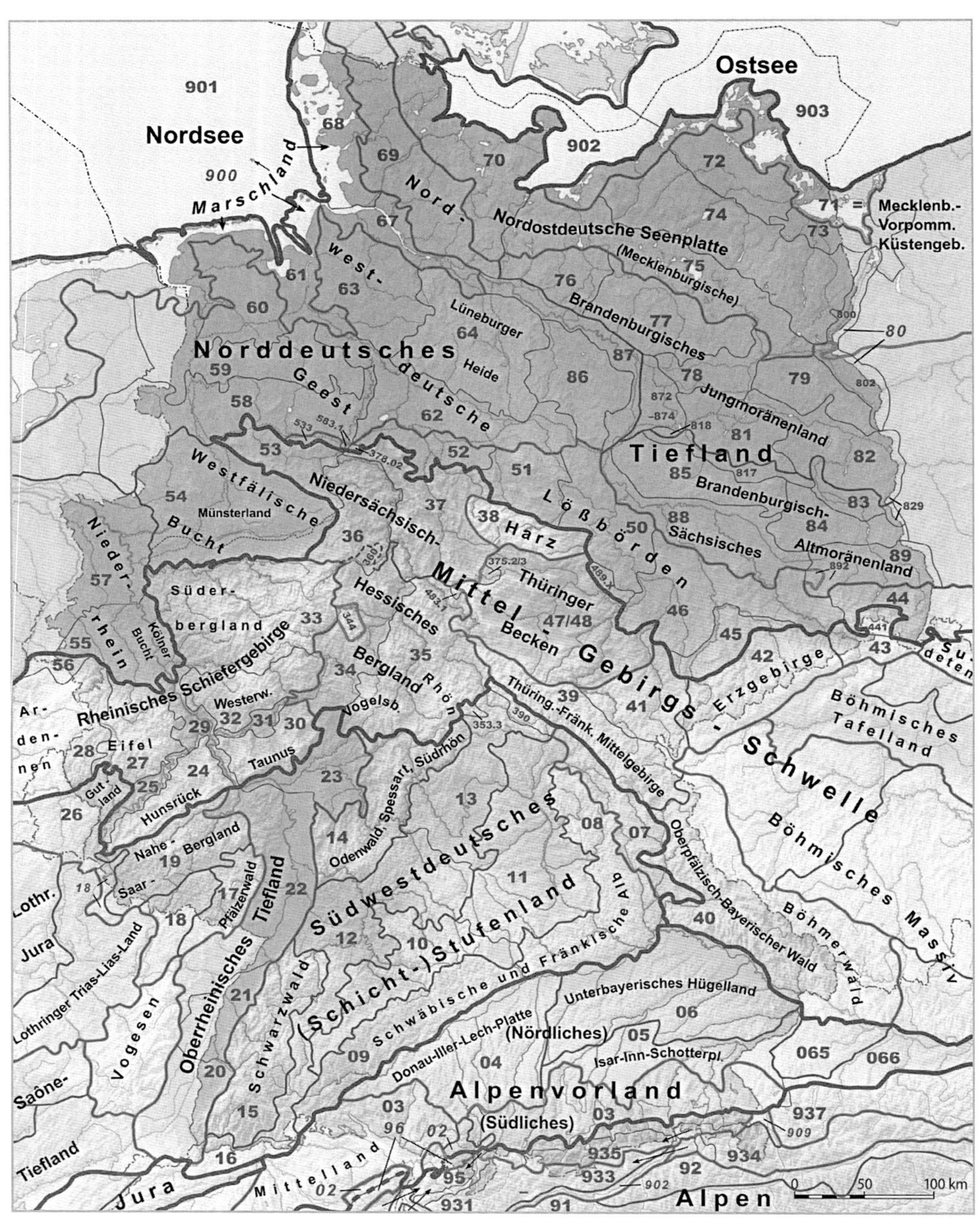

Mittelgebirge: Entstehung – Lebensaum – Klima

Lebensraum Mittelgebirge

In Deutschland gibt es 44 Mittelgebirge – sie prägen mehr als ein Drittel der Fläche Deutschlands. Charakteristisch sind Berge/Gipfel, Hochebenen, Täler und Schluchten sowie Bergweiden.

Wirtschaft und Touristik

Mittelgebirge sind wirtschaftlich und touristisch wichtig. Die Wiesen z. B. sind wichtige Weidegebiete für Kühe, Ziegen und Schafe. Im Winter sind Mittelgebirge beliebte Ziele für Touristen und Wintersportler. Der Feldberg im Schwarzwald ist bei Wintersportlern besonders beliebt. Wegen seiner Höhe von 1493 m lässt sich hier gut Ski fahren.

Skigebiet Feldberg

Klimawandel und Naturschutz

Mittelgebirge sind durch ihre Größe recht stabile Lebensräume. Durch den Klimawandel sind sie aber trotzdem gefährdet und könnten zerstört werden. Wird es in größeren Höhen immer wärmer, wandern die Tiere und Pflanzen, die eigentlich nur in den Tälern oder niedrigen Höhen zu finden sind, weiter nach oben und verdrängen dadurch die Arten, die zuvor dort gelebt haben. Können diese nicht mehr weiter nach oben ausweichen, verschwinden sie. Die biologische Vielfalt der Mittelgebirge ist durch viele Faktoren bedroht. Die intensive Holzwirtschaft mit umweltschädlichen Techniken wie Holzernteverfahren reduzieren den Anteil von Alt- und Totholz. Die zunehmende touristische Nutzung und die Zerschneidung von Lebensräumen durch Verkehrswege gefährden einzigartige Landschaften.

Die Hochlagen der Mittelgebirge weisen eine hohe Vielfalt an natürlichen und naturnahen Lebensräumen mit ihrer ursprünglichen Tier- und Pflanzenwelt auf, die es zu erhalten gilt. Um die biologische Vielfalt in Deutschland zu erhalten, hat die Bundesregierung im Jahr 2007 eine nationale Strategie zur biologischen Vielfalt beschlossen.

Holzvollernter im Einsatz

Mittelgebirge: Entstehung – Lebensaum – Klima

Pflanzen im Mittelgebirge

Laub- und Mischwälder sowie Fichten- und Tannenwälder sind besondere Lebensräume für eine vielfältige Pflanzen- und Tierwelt, die je nach Lage/Höhe und Besonderheit des jeweiligen Mittelgebirges recht unterschiedlich sein kann: Jede Region und jede Landschaft hat ihre eigene Vielfalt an Arten und Lebensräumen.

Höhenstufen und Vegetation

Die natürliche Vegetation in Mittelgebirgen weist nur geringfügige Unterschiede zur Ebene auf. Diese werden im Folgenden genauer beschrieben.

Sommergrüner Laubwald im Frühling

Tallage bis ca. 500 m – Laubmischwald

Charakteristisch für die colline Stufe sind sommergrüne Laubwälder. Der sommergrüne Laubwald wird aus Buchen, Eichen, Ahornen, Ulmen, Linden, Eschen und Erlen gebildet. Typische Sträucher sind der Haselnuss, Weißdornarten und in höheren Lagen die Eberesche. Klimatypisch ist eine ungefähr vier- bis fünfmonatige Vegetationsperiode, die sich mit einer kalten Winterperiode abwechselt.

Ulme: Blätter und Samen

Esche: Blätter

Erle: Blatt

Ahorn: Blatt

500-1000 m – Bergwaldregion

Buchen und Tannen haben hier ihren Lebensraum. Je höher die Lage, desto mehr Fichten sind zu finden.

Der **Bergmischwald** wird aus Buchen, in den höheren Lagen aus Fichten, Lärchen und Kiefern gebildet (Gebirgsnadelwald). In der montanen Mittelgebirgsstufe kommen immer mehr Nadelgehölze vor, die als Gebirgsnadelwald die obere Waldgrenze bilden.

1400-1600 m – Obergrenze des Laubwaldes

Mit zunehmender Höhe dominiert die Fichte. Sie ist durch ihren schlanken Wuchs gut an starken Schneefall angepasst, weil der der Schnee an ihr abrutscht.

gemeine Fichte

europäische Lärche

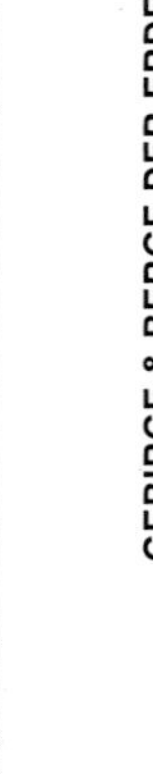

Mittelgebirge: Entstehung – Lebensaum – Klima

Tiere im Mittelgebirge – Beispiel Harz

Aufgrund der großen Anzahl (44) der Mittelgebirge in Deutschland und die sich daraus ergebenden unterschiedlichen Lebensbedingungen/Lebensräume, wird die Tierwelt hier nur am Beispiel des Harzes erläutert und mit praktischen Beispielen veranschaulicht. Der Harz war schon immer ein Rückzugsgebiet für seltene Tiere. Eine besondere Bedeutung haben heute die Flächen, die als Nationalpark ausgewiesen und geschützt sind. Trotzdem sind viele Arten auch hier verschwunden (ausgestorben).

Der **Nationalpark Harz** ist einer der größten Waldnationalparks in Deutschland. Er wurde durch den Zusammenschluss zweier einzelner Nationalparks in Niedersachsen und Sachsen-Anhalt 2006 gegründet. Er umfasst eine Fläche von 247,04 km² (ca. 158 km² in Niedersachsen und 89 km² in Sachsen-Anhalt).

Weitere Nationalparks in den deutschen Mittelgebirgen:

- Nationalpark Bayerischer Wald: in Bayern seit 1970; Bayerischer-/Böhmerwald; 248,5 km², höchster Punkt: Großer Rachel (1453 m ü.NHN)
- Nationalpark Schwarzwald: in Baden-Württemberg seit 2014; Nordschwarzwald; 101 km², höchster Punkt: Dreifürsten (1150 m ü.NHN). Der Nationalpark liegt innerhalb des seit 2003 bestehenden, 4200 km² großen Naturparks Schwarzwald Mitte/Nord, dessen höchster Punkt die Hornisgrinde (1163 m ü.NHN) ist.
- Naturpark Südschwarzwald: in Baden-Württemberg seit 2014; 3940 km², höchster Punkt: Feldberg (1493 m ü. NHN)
- Weitere Mittelgebirgs-Nationalparks, deren höchste Punkte deutlich unter 1000 m liegen, sind Eifel, Hainich, Hunsrück-Hochwald, Kellerwald-Edersee und Sächsische Schweiz.

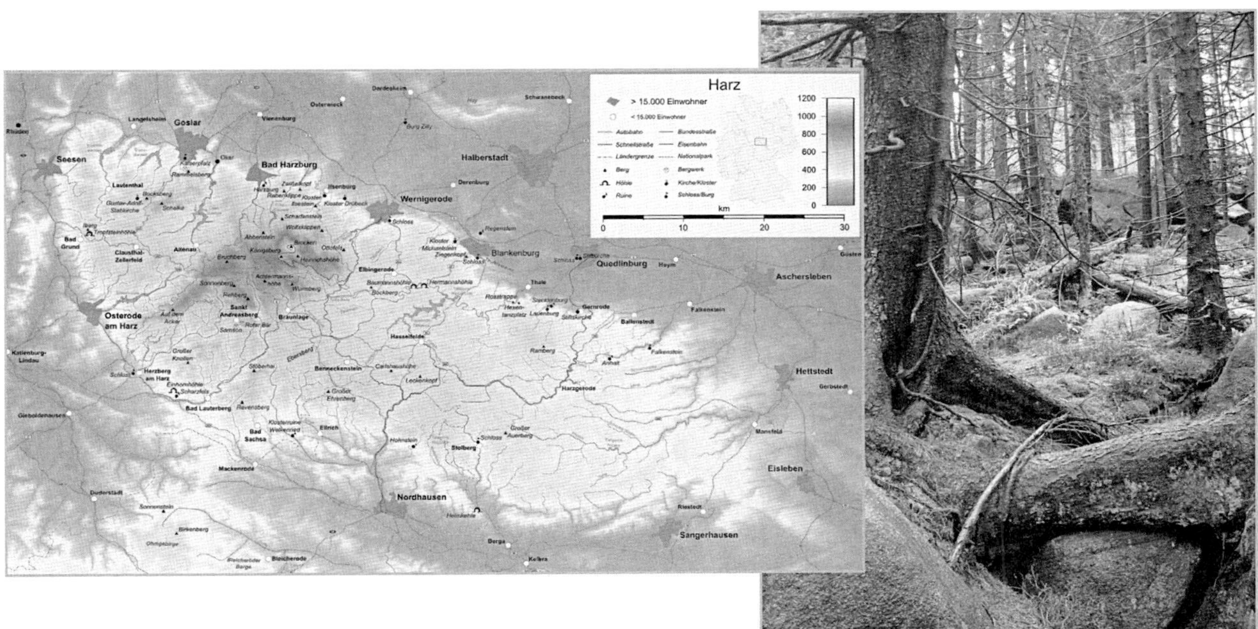

Urwald im Nationalpark Harz

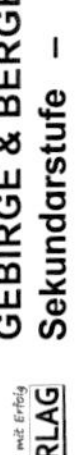

Tiere im Harz

Uhu, Auerhahn, Wanderfalke und Haselhuhn starben aus, weil ihre Lebensräume durch die Bewirtschaftung durch den Menschen immer kleiner wurden. Heute versucht man, die ursprünglichen Verhältnisse in der Natur wieder herzustellen. Gleichzeitig werden Ruhezonen ausgewiesen, wo die Tiere – vor allem im Winter – vor Störungen verschont bleiben. Der Harz beheimatet eine vielfältige Tierwelt. Im Folgenden werden einige dieser Tiere vorgestellt, beschrieben und durch Abbildungen veranschaulicht.

Das berühmteste Tier im Harz ist der Luchs. In den 1990er-Jahren wurde der Luchs im Harz wieder angesiedelt. Heute hat sich die Population erhöht und die Luchse haben sich erfolgreich im Harz etabliert. Luchse sind mit ihren großen, pelzigen Ohren und den charakteristischen Pinseln aus Haaren an ihren Ohrenspitzen faszinierende Tiere. Luchse sind hervorragende Jäger und ernähren sich hauptsächlich von Rehen, Wildschweinen und anderen Tieren. Sie bewegen sich lautlos durch dichte Wälder, deshalb kann man einen Luchs nur selten in freier Wildbahn sehen.

Der Luchs – im Harz seit 2000 wieder ausgewildert

Auerhahn

Der inoffizielle Wappenvogel des Harzes ist der Auerhahn. Leider geht im Harz die Population immer weiter zurück. Der Auerhahn braucht im Winter ruhige Zonen. Wird er aufgeschreckt und flüchtet, dann kostet dies viel Energie, die er zum Überleben im Gebirge benötigt. Er ist zugleich der größte Hühnervogel Europas. Im Harz und im Hochsauerland wurden die Auswilderungsprogramme eingestellt. In Deutschland steht der Auerhahn bundesweit als vom Aussterben bedrohte Vogelart auf der *„Roten Liste“*.

Die Wildkatze war im Gegensatz zum Luchs nie ausgestorben und breitet sich heute auch in der Umgebung des Harzes aus. Wildkatzen haben ein dichtes Fell und einen buschigen Schwanz – am Ende finden sich häufig drei schwarze „Kringel“. Wildkatzen sind sehr scheu und deshalb selten zu sehen. Auf den ersten Blick kann man sie mit Hauskatzen verwechseln.

Feuersalamander brauchen feuchtes Wetter. Mit etwas Glück begegnet man beim Wandern einem Feuersalamander. Nach dem Regen ziehen sich diese Tiere wieder in ihre feuchten Erdhöhlen zurück. Feuersalamander sind in Deutschland durch die Zerstörung ihrer Lebensräume bedroht. Sie brauchen eine feuchte Umgebung und Gewässer, um sich fortzupflanzen und Nahrung zu finden. Auch der Klimawandel hat Auswirkungen auf die Feuersalamander. Steigende Temperaturen und Veränderungen beim Niederschlag wirken sich auf das Mikroklima in den Wäldern aus. Der Lebensraum der Feuersalamander wird immer trockener. Außerdem erhalten sie nicht die öffentliche Aufmerksamkeit wie z. B. der Luchs, dadurch wird der Schutz ihrer Lebensräume oft vernachlässigt.

Weitere Tiere im Harz – eine Auswahl
Diese Aufzählung erhebt keinen Anspruch auf Vollständigkeit.

Vögel: Auerhuhn, Habicht, Mäusebussard, Rotmilan, Wanderfalke, Uhu, Rauhfußkauz, Buntspecht, Schwarzspecht, Eichelhäher, Tannenhäher, Wasseramsel, Fichtenkreuzschnabel

Rotmilan

Uhu im Winter

Tannenhäher

Säugetiere: Rothirsche, Rehe, Wildschweine, Baummarder, Steinmarder, Hermelin, Dachs, Rotfuchs, Zwergfledermaus, Graues Langohr

männlicher Rothirsch

Graues Langohr

Baummarder auf einer Kiefer

6 Mittelgebirge: Entstehung – Lebensaum – Klima

Insekten: Bienen, Schmetterlinge und Käfer sind besonders wichtig für das Ökosystem Harz, weil sie wichtige Bestäuber sind und zur Erhaltung der Pflanzenvielfalt beitragen.

Brocken-Mohrenfalter

Kleiner Fuchs

<u>**Aufgabe 1**</u>: 

Wo befindet sich in Deutschland die sogenannte Mittelgebirgsschwelle?

___

___

<u>**Aufgabe 2**</u>: 

Was versteht man unter der variskischen Orogenese?

___

___

___

___

___

<u>**Aufgabe 3**</u>: 

Diese Tiere leben im Mittelgebirge Harz. Schreibe den Namen unter das Bild.

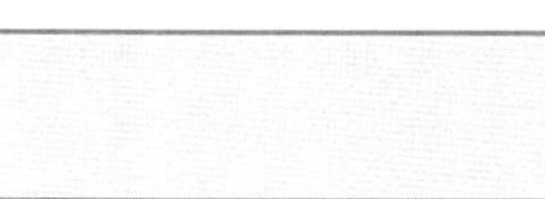

GEBIRGE & BERGE DER ERDE
Sekundarstufe – Bestell-Nr. 13 036
KOHL VERLAG

7 Mittelgebirge in Deutschland

Lage – Fläche – Besonderheiten

Zwischen dem Norddeutschen Tiefland und dem Alpenvorland gibt es mehr als vierzig Mittelgebirge. Der Deutsche Verband für Landschaftspflege listet beispielsweise 44 deutsche Mittelgebirge auf. Jede dieser Mittelgebirgsregionen besitzt einen einzigartigen Charakter.

Mit Ausnahme der Alpen gibt es in Deutschland nur Mittelgebirge, einige davon:
Bayerischer Wald, Böhmerwald, Eifel, Elbsandsteingebirge, Elstergebirge, Erzgebirge, Fichtelgebirge, Fränkische Alb, Harz, Hunsrück, Hoher Meissner, Knüll, Pfälzer Wald, Odenwald, Rhön, Rothaargebirge, Schwäbische Alb, Schwarzwald, Sudeten, Taunus, Thüringer Schiefergebirge, Thüringer Wald, Vogelsberg, Zittauer Gebirge ...

- Das höchste deutsche Mittelgebirge ist der Schwarzwald.
- Das nördlichste deutsche Mittelgebirge ist das Wiehengebirge.

Die 10 Mittelgebirge mit den höchsten Bergen in Deutschland

	Gebirgsname	Höchste Erhebung	Höhe	Bundesland
1	Schwarzwald	Feldberg	1493 m	Baden-Württemberg
2	Bayerischer Wald	Großer Arber	1456 m	Bayern
3	Erzgebirge	Fichtelberg	1215 m	Sachsen
4	Harz	Brocken	1142 m	Niedersachsen, Sachsen-Anhalt
5	Fichtelgebirge	Schneeberg	1051 m	Bayern
6	Schwäbische Alb	Lemberg	1015 m	Baden Württemberg
7	Thüringer Wald	Großer Beerberg	982 m	Thüringen
8	Rhön	Wasserkuppe	950 m	Bayern, Hessen, Thüringen
9	Oberpfälzer Wald	Kreuzfelsen	938 m	Bayern
10	Taunus	Großer Feldberg	879 m	Hessen

Wo liegen die Mittelgebirge in Deutschland? Einige Beispiele:

- Im Westen von Deutschland liegen Rheinisches Schiefergebirge mit Eifel, Hunsrück, Bergisches Land, Sauerland, Rothaargebirge, Westerwald und Taunus.
- Nach Osten folgen Weserbergland, Hessisches Bergland, Harz, Thüringer Wald, Erzgebirge und Elbsandsteingebirge.
- Pfälzer Wald, Vogesen, Odenwald und Schwarzwald umgeben im südwestlichen Teil des Landes das Oberrheinische Tiefland.
- Allein im Bundesland Bayern liegen Spessart, Rhön, Fichtelgebirge, Fränkische Alb und Bayerischer Wald.

Weitere europäische Mittelgebirge:

- die Westkarpaten in Mitteleuropa;
- das ungarische Mittelgebirge in Mitteleuropa;
- die Schichtenstufenländer in Mitteleuropa;
- das Juragebirge in Westeuropa;
- die Randalpinen Mittelgebirge in Westeuropa;
- die Apenninen in Südeuropa

7 Mittelgebirge in Deutschland

Die 10 Mittelgebirge mit den höchsten Bergen in Deutschland

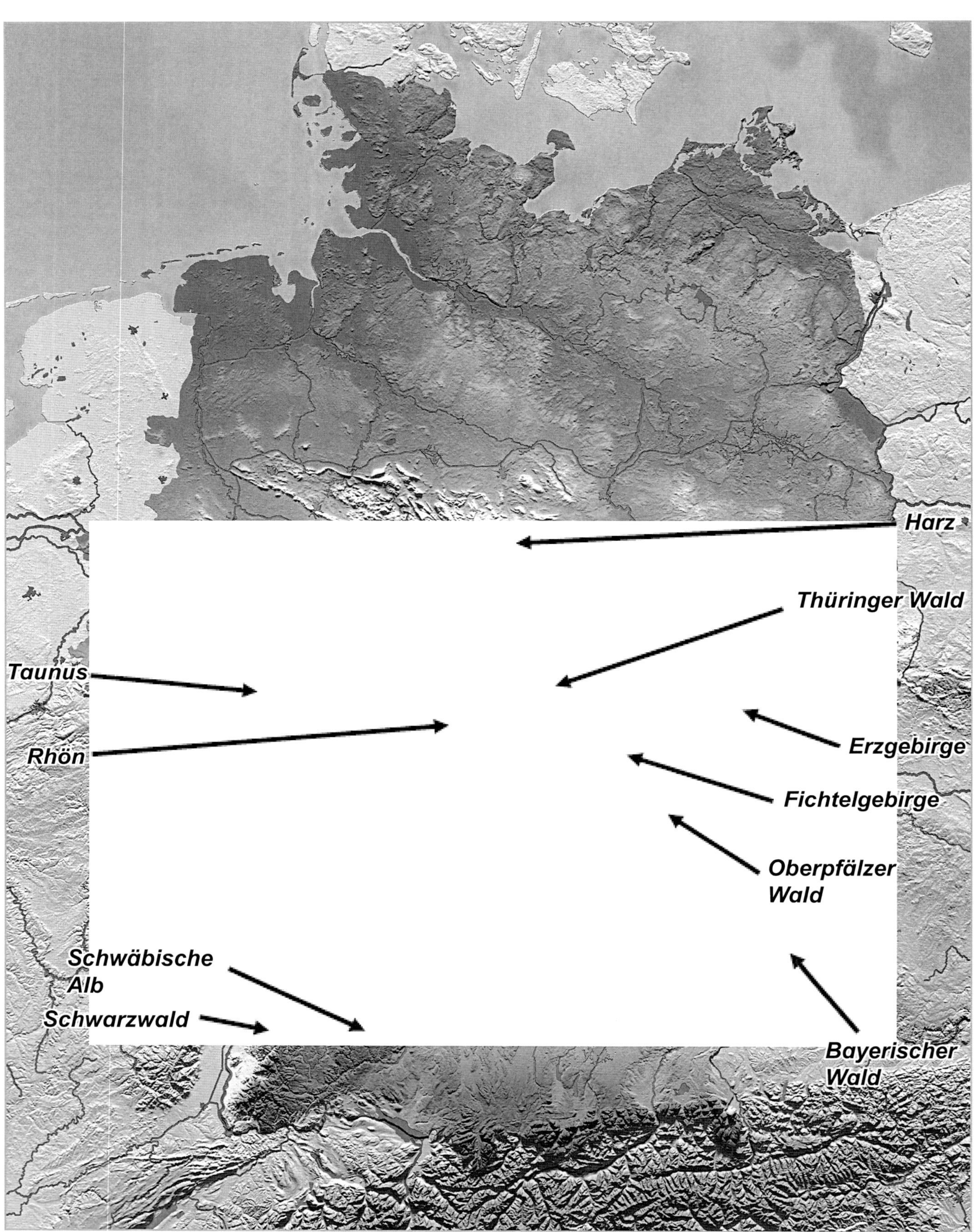

7 Mittelgebirge in Deutschland

Schwarzwald

Der Schwarzwald ist mit über 6000 km² Fläche Deutschlands höchstes und größtes zusammenhängendes Mittelgebirge und liegt im Südwesten Baden-Württembergs.

Bundesland: Baden-Württemberg
Fläche: ca. 6009,2 km²
Höchste Erhebung: Feldberg mit 1493 m ü.NHN
Bekannteste Seen: Titisee und Schluchsee
Besonderheiten: Der Schwarzwald ...

- ✓ ist bekannt für seine Kuckucksuhren und für die Schwarzwälder Kirschtorte.
- ✓ besteht zu 70 % aus Wald – auch als „grüne Lunge" bekannt.
- ✓ hat zahlreiche Skigebiete und Wintersportmöglichkeiten.
- ✓ ist beliebt bei Touristen – die Tourismusbranche macht jährlich über 10 Mrd. € Umsatz.
- ✓ ist bekannt für seine traditionelle Handwerkskunst wie Glasbläserei und Schnitzerei.

Der Feldberg – höchster Berg des Schwarzwalds

Bayerischer Wald

Der Bayerische Wald liegt im Osten Bayerns, zwischen den Flüssen Donau und Regen und an den Grenzen zu Österreich und Tschechien.

Bundesland: Bayern
Fläche: etwa 6000 km²
Höchste Erhebung: großer Arber: 1456 m ü.NHN; großer Rachel: 1453 m ü.NHN
Besonderheiten: Im Jahr 1970 entstand der „Nationalpark Bayerischer Wald" mit einer Fläche von fast 25.000 Hektar. Er wurde 1997 erweitert und bildet zusammen mit Tschechiens Nationalpark Šumava eines der größten Schutzgebiete Europas. Mehr als 1 Mio. Touristen besuchen ihn jedes Jahr. Zusammen mit den angrenzenden Wäldern des Böhmerwalds, des Oberpfälzer Walds, des Neuburger Walds und des Sauwalds bildet der Bayerische Wald das größte zusammenhängende Waldgebiet Mitteleuropas.

KOHL VERLAG GEBIRGE & BERGE DER ERDE Sekundarstufe – Bestell-Nr. 13 036

7 Mittelgebirge in Deutschland

Erzgebirge

Der nördliche Teil des Erzgebirges liegt in Sachsen (Deutschland), der südliche Teil liegt in Tschechien. Das Erzgebirge ist ca. 150 km lang und 40 km breit.

Bundesland: Sachsen

Fläche: 5262 km²

Höchste Erhebung: Fichtelberg mit 1215 m ü.NHN auf der deutschen Seite; Kelberg ist mit 1244 m ü.NHN der höchste Berg und liegt auf der tschechischen Seite.

Besonderheiten: „Glück auf!", so wird noch heute im Erzgebirge gegrüßt. Der bekannte Bergmannsgruß hat seinen Ursprung in dieser Region. Bergbau ist das zentrale Thema im Erzgebirge – seit dem Mittelalter wurden Erze aus dem Boden geholt. Mit waldreichen, schneesicheren Hoch- und Kammlagen bietet das Erzgebirge optimale Voraussetzungen für den Wintersport, z. B. in Oberwiesenthal am Fichtelberg. Mit über 3 Mio. Übernachtungen im Jahr 2016 ist der Tourismus hier ein wichtiger Wirtschaftsfaktor.

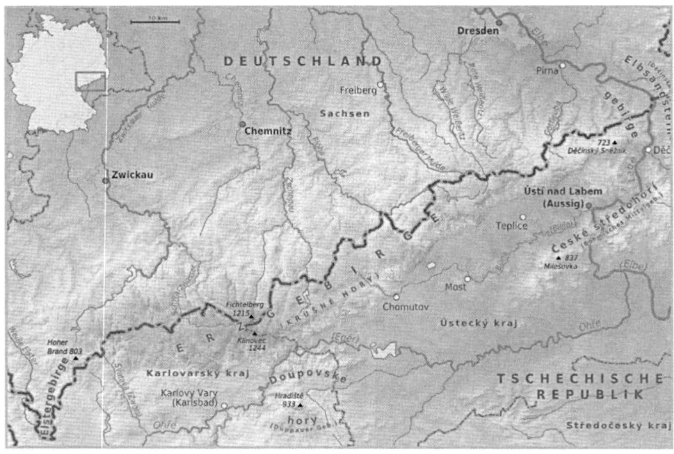

Skipiste am Fichtelberg in Oberwiesenthal

Harz

Der Harz ist das höchste Gebirge Norddeutschlands. Er ist 110 km lang und 30-40 km breit. Er liegt am Schnittpunkt von Niedersachsen, Sachsen-Anhalt und Thüringen.

Bundesland: Niedersachsen, Sachsen-Anhalt und Thüringen. Der größte Teil des Harzes liegt in Sachsen-Anhalt, der Westteil in Niedersachsen und nur ein kleiner Teil im Süden liegt in Thüringen.

Fläche: 2226 km²

Höchste Erhebung: Der Brocken mit 1141,2 m ü.NHN in Sachsen-Anhalt

Besonderheiten: Der Nationalpark Harz wurde 2006 gegründet, umfasst eine Fläche von 247,32 km² und liegt in Niedersachsen (Landkreise Goslar und Göttingen) sowie Sachsen-Anhalt (Landkreis Harz). Im Harz und in seiner unmittelbaren Umgebung befinden sich mit Goslar, Quedlinburg, der Lutherstadt Eisleben und dem Rammelsberg sowie dem Oberharzer Wasserregal zahlreiche UNESCO-Weltkulturerbestätten.

Brocken im Harz

7 Mittelgebirge in Deutschland

Fichtelgebirge

Das Fichtelgebirge ist ein Mittelgebirge, das im Nordosten Bayerns in Deutschland und im Nordwesten Tschechiens liegt. Wie ein riesiges Hufeisen liegt die Bergkette des Fichtelgebirges im Nordosten Bayerns.

Bundesland: Bayern
Fläche: ca. 1600 km²
Höchste Erhebung: der Schneeberg mit 1051 m ü.NHN
Besonderheiten: 4 große Flüsse entspringen diesem Mittelgebirge im Herzen Europas: Main, Eger, Naab und Saale. Der Tourismus ist für viele Gemeinden die wichtigste Einnahmequelle. Das Gebirge bietet vor allem aktiven Urlaubern ein breites Angebot: Neben Skifahrern und Schneeschuhwanderern im Winter kommen Wanderer, Radfahrer, E-Biker und Mountainbiker während der warmen Jahreszeit auf ihre Kosten.

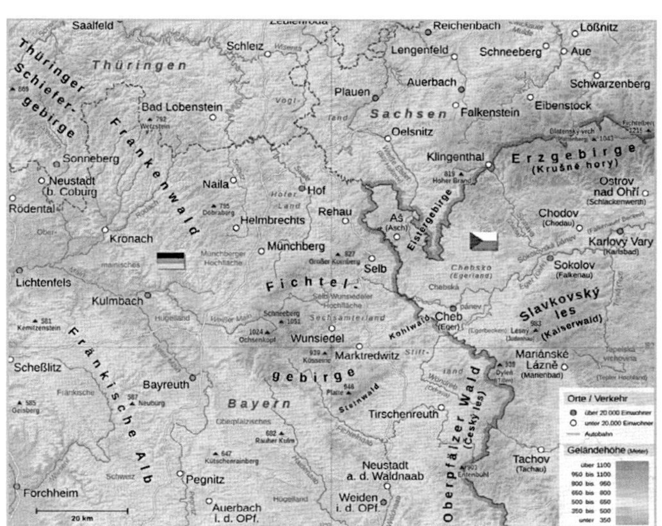

Schneeberg im Fichtelgebirge

Schwäbische Alb

Die Schwäbische Alb ist ca. 200-220 km lang und 20-40 km breit und liegt größtenteils in Baden-Württemberg (Region Schwaben, daher „schwäbisch"), mit Nordost-Ausläufern in Bayern und Südwestausläufern in der Schweiz. „Alb" bezeichnet im alemannisch-schwäbischen Raum eine Bergwiese oder Höhenweide.

Bundesland: Baden-Württemberg, Bayern
Fläche: inklusive des kleinen Schweizer Anteils 5887,35 km²
Höchste Erhebung: Lemberg 1015 m ü.NHN
Besonderheiten: Die Schwäbische Alb ist Teil des langen Mittelgebirgzuges „Jura", der hauptsächlich zu Frankreich und zur Schweiz gehört (Schwäb. Alb = Schwäbischer Jura). Die Alb ist neben Schwarzwald und Bodensee eine der touristischen Hauptattraktionen im Südwesten Deutschlands. Viele Tüftler und Erfinder stammen von der Schwäb. Alb, z. B. Firmen wie Steiff, Märklin und Voith. Regionales Highlight ist das Biosphärengebiet Schwäbische Alb, das 2009 die Aufnahme in die weltweit bedeutendsten Kulturlandschaften durch die UNESCO schaffte.

der Lemberg

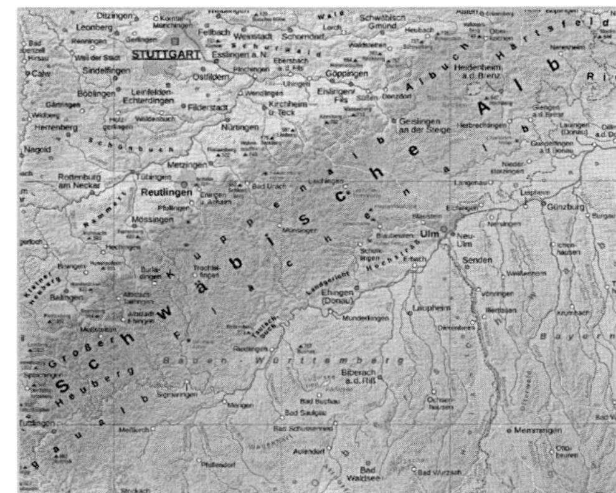

KOHL VERLAG
GEBIRGE & BERGE DER ERDE
Sekundarstufe – Bestell-Nr. 13 036

7 Mittelgebirge in Deutschland

Thüringer Wald

Der Thüringer Wald ein waldreiches Mittelgebirge – etwa 150 km lang und 35 km breit. Thüringer Wald und Thüringer Schiefergebirge ziehen sich als Gebirgskette von der Werra im Nordwesten bis zum Frankenwald im Südosten hin. Bergwiesen, dunkle Bergfichtenwälder, einsame Bergkuppen und klare Gewässer prägen das Landschaftsbild.

Bundesland: Thüringen
Fläche: 982,62 km²
Höchste Erhebung: Großer Beerberg mit 982,9 m ü.NHN
Besonderheiten: Die Wartburg liegt im westlichen Thüringer Wald. Auf der Wartburg hat Martin Luther die Bibel übersetzt. Bekannt ist auch das Wintersportzentrum Oberhof. Der Thüringer Wald liegt in der mitteleuropäischen Übergangszone zwischen dem vom Atlantik geprägten Seeklima Westeuropas und dem vom Festland geprägten Kontinentalklima Osteuropas. Schnee liegt im Thüringer Wald meist vom Spätherbst bis zum Frühling.

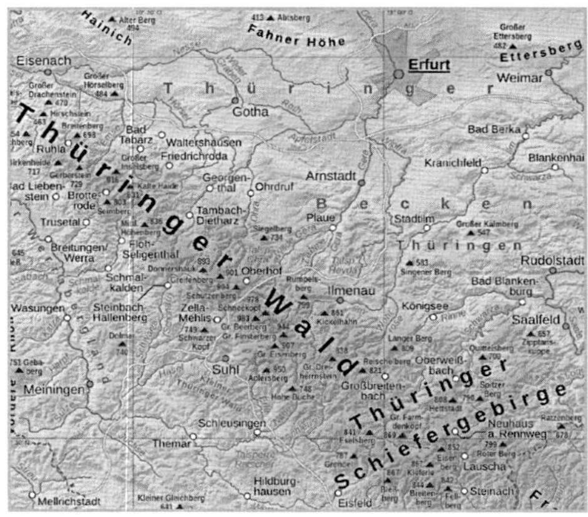

Großer Beerberg

Die Wartburg

Rhön

Die Rhön ist das in der geographischen Mitte Deutschlands liegende Mittelgebirge und erstreckt sich über die 3 Bundesländer Thüringen, Hessen und Bayern.

Bundesland: Hessen, Bayern, Thüringen
Fläche: 1550 km²
Höchste Erhebung: Wasserkuppe 950 m ü.NHN – höchster Berg Hessens
Besonderheiten: Die Innerdeutsche Grenze verlief nach dem Zweiten Weltkrieg in grober Nord-Süd-Richtung durch die Rhön – der Verlauf entsprach der heutigen Landesgrenze von Thüringen zu Hessen und Bayern. Im Vergleich zu den anderen Mittelgebirgen Deutschlands ist die Rhön überdurchschnittlich reich an Pflanzen- und Tierarten. Die Rhön ist eine der bedeutendsten Natur- und Kulturlandschaften Europas und wurde aus diesem Grund von der UNESCO als Biosphärenreservat ausgezeichnet.

die Wasserkuppe

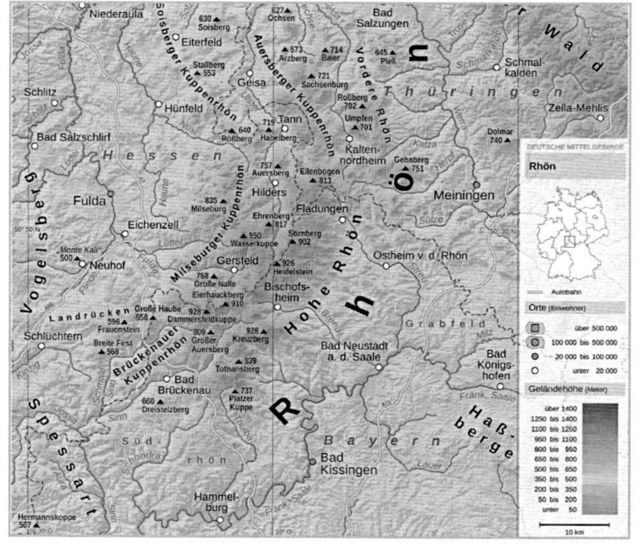

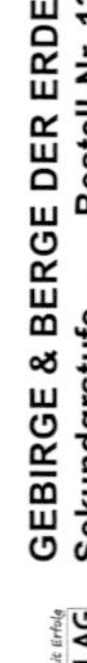
GEBIRGE & BERGE DER ERDE
Sekundarstufe – Bestell-Nr. 13 036
KOHL VERLAG

7 Mittelgebirge in Deutschland

Oberpfälzer Wald

Der Oberpfälzer Wald (in Tschechien Böhmischer Wald genannt) ist ein nord-südlich verlaufendes Mittelgebirge entlang der Grenze zwischen Bayern und Tschechien. Im Norden grenzt er ans Fichtelgebirge, im Süden an den Bayerischen Wald. Der Oberpfälzer Wald ist über 100 km lang, seine Breite misst etwa 30-40 km.

Bundesland: Bayern, Tschechien
Fläche: 4048 km²
Höchste Erhebung: Tschechien: Čerchov (= Schwarzkopf) 1042 m, Deutschland: Kreuzfelsen 938 m
Besonderheiten: Die Region zählt zu den burgenreichsten Ecken Deutschlands. Typisch für den Oberpfälzer Wald sind die Burgen und Burgruinen, die vom 11. bis 13. Jahrh. als Befestigungsanlagen errichtet wurden. Der Naturpark Oberpfälzer Wald liegt im Herzen der Region Oberpfalz in Bayern.

Gipfel des Cerchov

Kreuzfelsen

Taunus

Der Taunus ist ein in Hessen und Rheinland-Pfalz liegendes Mittelgebirge. Das Gebirge liegt nördlich von mehreren großen Städten, wie Frankfurt, Wiesbaden und Mainz. Das Mittelgebirge ist von Südwest nach Nordost im Mittel etwa 75 km lang und quer dazu von Nordwest nach Südost etwa 35 km breit.

Bundesland: Hessen und Rheinland-Pfalz
Fläche: 2700 km²
Höchste Erhebung: Großer Feldberg 879 m
Besonderheiten: Zahlreiche Schlösser, Burgen, Ruinen, Türme und Reste des Limes weisen noch heute auf die römische Vergangenheit hin. Der Obergermanisch-Raetische Limes, der 2005 zum Weltkulturerbe ernannt wurde, zieht sich teils noch sichtbar über den Hauptkamm durch den Taunus. Der Naturpark Taunus umfasst ein 1350 km² großes Gebiet, in dem heimische Pflanzen und Tiere ideale Voraussetzungen vorfinden.

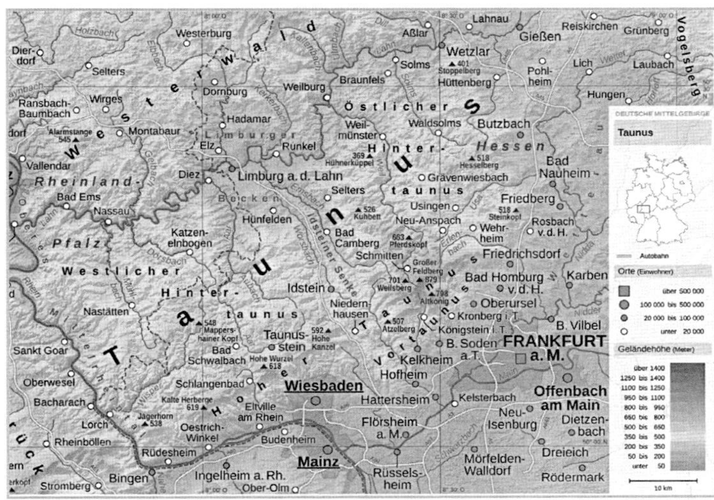

Großer Feldberg

GEBIRGE & BERGE DER ERDE Sekundarstufe – Bestell-Nr. 13 036
KOHL VERLAG

7 Mittelgebirge in Deutschland

Aufgabe 1: 

Welche Mittelgebirge liegen im Bundesland Bayern?

____

____

Aufgabe 2: 

Setze die Namen der fehlenden Mittelgebirge ein.

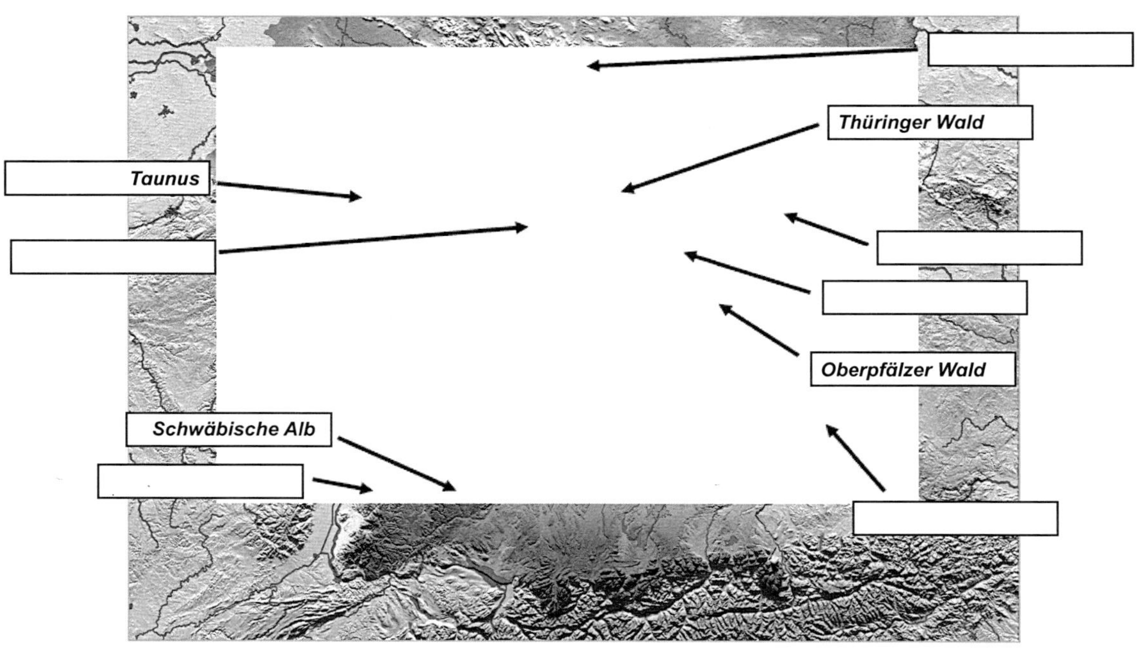

Aufgabe 3: 

Vervollständige das Säulendiagramm, ergänze die fehlenden Säulen.

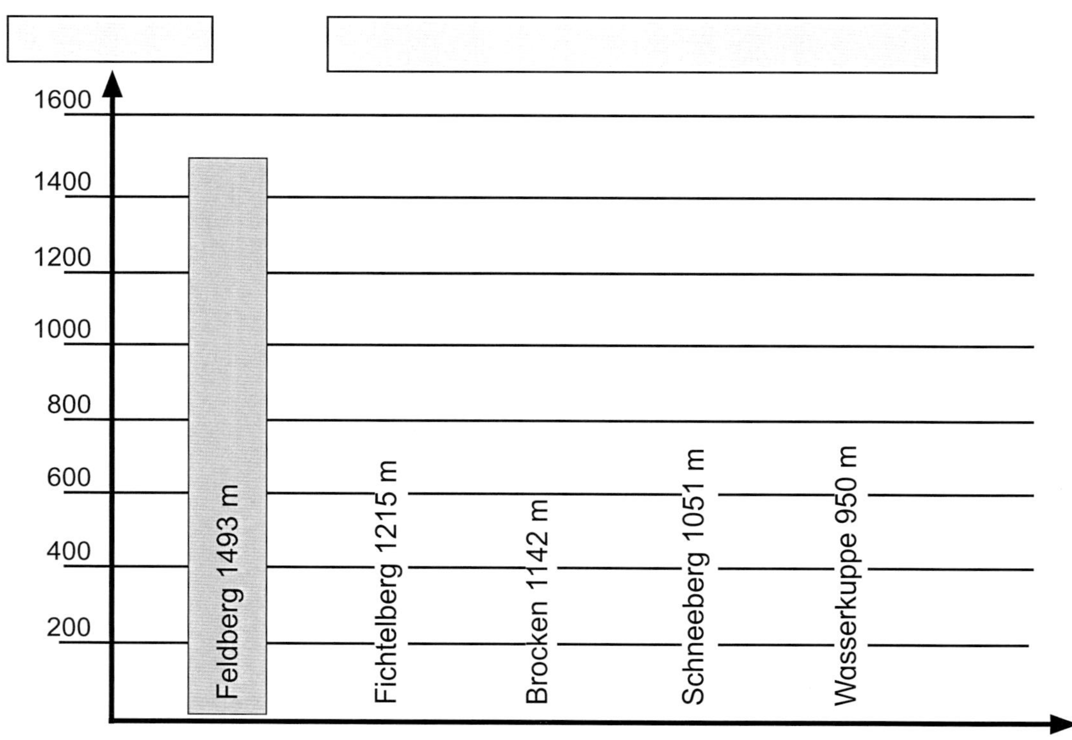

KOHL VERLAG
GEBIRGE & BERGE DER ERDE
Sekundarstufe – Bestell-Nr. 13 036

8 Was ist ein Hochgebirge?

Merkmale – Klima – Höhenstufen

Ab welcher Höhe ein Gebirge als Hochgebirge zählt, ist nicht eindeutig geklärt. Manche gehen von einer Höhe von 1000 m aus, andere sprechen erst ab einer Höhe von 1500 m oder sogar von 2000 m von einem Hochgebirge. Ca. 5 % des Festlandes der Erde zählen zu den Hochgebirgen. Nach oben ist dem Hochgebirge keine Grenze gesetzt. Der Himalaya ist das höchste Hochgebirge der Erde. Der Mount Everest ist mit 8848 m der höchste Berggipfel weltweit. Bemerkenswert ist auch, dass alle Berge, die über 7000 m hoch sind, in Hochasien liegen. Mit Hochasien ist das Hochland von Tibet und die sich daran anschließenden Gebirge gemeint.

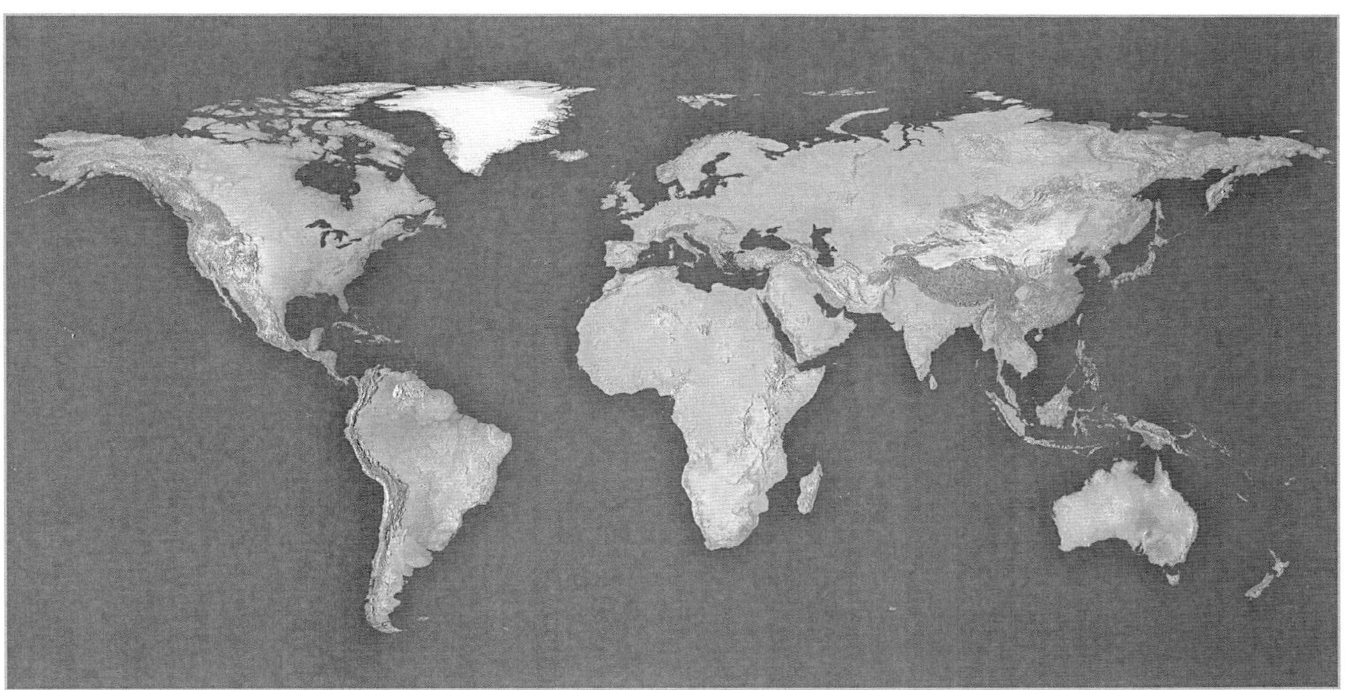

Hochgebirge weltweit

Merkmale von Hochgebirgen

✓ Hochgebirge liegen über 1500 m und haben alpine Klimazonen.
✓ Hochgebirge weisen steile Hänge, schroffe Felsen, Gletscher und Schneefelder auf.
✓ Typische Hochgebirge sind die Alpen, Anden und Himalaya-Gebirge.
✓ Die felsigen und spitzen Gipfel ragen weit in die Höhe und sind charakteristisch für Hochgebirge.
✓ Hochgebirge weisen häufig steile Bergwände auf und wurden von Gletschern geformt.
✓ Hochgebirge weisen eine hohe Reliefenergie[1] auf. Die mindestens 1000 m hohe Reliefenergie ist ein wichtiges Merkmal für ein Hochgebirge.
✓ Mit zunehmender Höhe des Gebirges wird der Pflanzenwuchs immer niedriger und ab der Baumgrenze wachsen keine Bäume mehr, es gibt nur noch Gestein und Felsen.
✓ Ein Hochgebirge besteht aus unterschiedlichen Höhenstufen. Die unteren Höhenstufen sind belebt und ein Lebensraum für verschiedene Pflanzen und Tiere.

1 Die Reliefenergie bezeichnet den Höhenunterschied zwischen der Umgebung des Gebirges und dem Gipfel.

8 Was ist ein Hochgebirge?

Der größte Gletscher der Alpen ist der Aletschgletscher in der Schweiz mit einer Fläche von circa 80 km².

Großer Aletschgletscher vom Eggishorn

Die Alpen sind das einzige Hochgebirge in Deutschland.

Gebirgszug in den Schweizer Alpen

Das Hochgebirge ist ein Lebensraum mit vielen Extremen. Die abiotischen Faktoren beeinflussen im besonderen Maße, welche Lebewesen hier auf Dauer existieren können.

Abiotischen Umweltfaktoren: Temperatur, Licht, Wasser, Klima (u.a. Luftfeuchtigkeit, Sonneneinstrahlung), Wetter (u.a. Wind, Blitze, Niederschlag)

Abiotische Faktoren wirken sich auf das Leben aller Lebewesen – also Tiere, Pflanzen, Pilze und Bakterien – aus. Sie beeinflussen beispielsweise die Paarungszeit von Tieren oder den Laubabfall bei Bäumen.

Klima im Hochgebirge: Temperatur – Niederschlag – Wind

Das Klima im Hochgebirge ist ab 1500 m Höhe wesentlich anders als im umgebenden Flachland. Die Temperatur im Gebirge sinkt mit zunehmender Höhe und es fällt mehr Niederschlag.

Temperatur sinkt um etwa 6 °C pro 1000 Höhenmeter – pro 100 m nimmt die Temperatur um ca. ein halbes Grad ab. So kann auf der Zugspitze in 2962 m Höhe z. B. eine Temperatur von –1 °C gemessen werden, während in München auf 519 m Höhe zur gleichen Zeit das Thermometer +14 °C anzeigt.

Mehr Niederschlag: Auf 100 m Höhe steigt die Niederschlagsmenge um 50-120 mm. Weil kalte Luft weniger Feuchtigkeit speichern kann als warme, regnet oder schneit es oben mehr bzw. öfter als unten im Tal. Selbst in den Tropen liegt deshalb auf Hochgebirgen wie den Anden oder dem Kilimandscharo Schnee.

Luft und Sauerstoff: Die Luft in den größeren Höhen des Hochgebirges ist „dünn" – die Luft enthält viel weniger Sauerstoff. Das kann beim Menschen zu Atemnot und Schwindel führen. Gleichzeitig steigt die Luftfeuchtigkeit.

8 Was ist ein Hochgebirge?

Höhenstufen in Gebirgen

Ein Hochgebirge besteht in der Regel aus unterschiedlichen Stufen. In den Gebirgen bilden sich aufgrund der sinkenden Temperaturen und dem zunehmenden Niederschlag verschiedene Vegetationsstufen, die Höhenstufen genannt werden. Teilweise sind sie gut zu erkennen, z. B. durch die Baum- und Schneegrenze.
Die Höhenstufen sind eine waagerechte Unterteilung des Berges je nach Höhenlage.
Die Höhenstufen der Vegetation beschreiben klimatisch bedingte Bereiche mit ähnlicher Pflanzenwelt, die sich mit zunehmender Höhe verändern. Höhenstufen sind abhängig von Breitenlage und Höhe der Gebirge. In tropischen Hochgebirgen weichen die Höhenstufen vom allgemeinen Muster ab. Wegen der wechselnden Klimabedingungen im Gebirge verändert sich die Vegetation. Merkmale der Höhenstufen sind z. B. die Höhe und die vorkommende Vegetation (Stichwort Wald- und Baumgrenze).

Waldgrenze und Baumgrenze

Die Baumgrenze ist die natürliche Höhengrenze für Baumwachstum. Sie wird durch Klima, Bodenbeschaffenheit und andere Umweltfaktoren bestimmt. Die Vegetation oberhalb der Baumgrenze besteht meist aus Gräsern und Flechten.

Die 4 Höhenstufen der Vegetation: colline, montane, alpine und nivale Höhenstufe.

Colline Höhenstufe (= Hügellandstufe)
Die Colline Höhenstufe ist die unterste und wärmste Stufe, die bis zu einer Höhe von maximal 800 m reicht. Sie besteht aus natürlichen Laubwäldern, z. B. aus Buchen oder Eichen. Die Hangneigung dieser Höhenstufe bietet für einige Obstsorten gute Bedingungen.

Montane Höhenstufe
Die Höhe der Montanen Höhenstufe variiert je nach geografischer Lage zwischen 1500 und 2000 m. Sie stellt den Übergang zwischen Laub-, Misch- und Nadelwäldern dar. Die Montane Höhenstufe ist bekannt für ihre Bergwälder.

Alpine Höhenstufe
Die Alpine Höhenstufe liegt unterhalb der Nivalen Höhenstufe und erstreckt sich je nach Lage von ungefähr 2000 bis zu 3000 m. Hier findet man häufig Moose, Zwergsträucher und alpine Rasen, deshalb wird hier auch oft Weidewirtschaft betrieben.

Nivale Höhenstufe
Ab 3000 m Höhe spricht man von der Nivalen Höhenstufe. Ihre Kennzeichen sind felsige Gipfelbereiche mit manchmal ganzjährig Schnee. Hier gibt es nur an die extremen Witterungsbedingungen angepasste Pflanzen (Gletscher-Hahnenfuß, Flechten, Moose).

8 Was ist ein Hochgebirge?

Übersicht über die Höhenstufen im Hochgebirge am Beispiel der Alpen

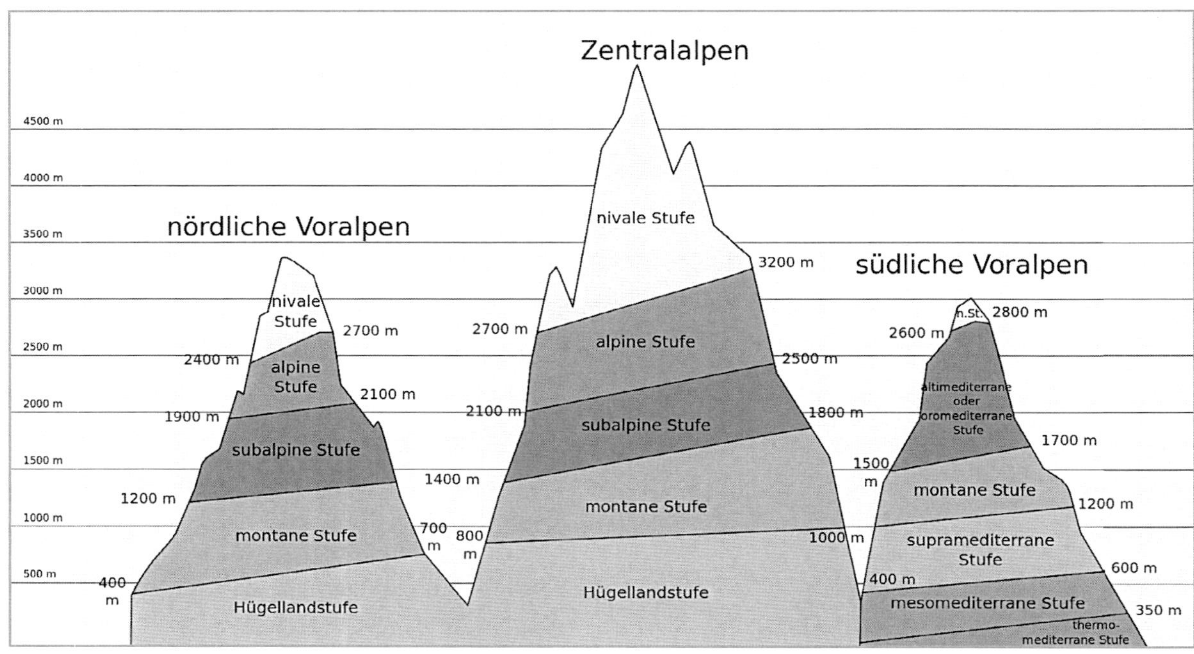

Aufgabe 1: 

Ab welcher Höhe spricht man von einem Hochgebirge?

___

___

___

Aufgabe 2: 

Warum gibt es im Hochgebirge mehr Niederschläge?

___

___

___

___

Aufgabe 3: 

Wann spricht man von einer Nivalen Höhenstufe und wodurch ist sie gekennzeichnet?

___

___

___

___

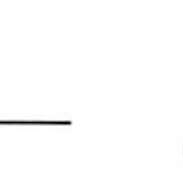

9 Hochgebirge: Entstehung – Lebensraum – Klimawandel

Lithosphäre – Plattentektonik – Wald- und Baumgrenze – Gletscher

Hochgebirge – Entstehung

Hochgebirge entstehen, wenn zwei Lithosphärenplatten (Kontinentalplatten) aufeinanderstoßen. Es handelt sich dabei um Platten in der Erde, die sich ständig sehr langsam verschieben. Treffen sie aufeinander, kann der Druck, den sie aufeinander ausüben, zum Auftürmen von Gebirgen führen.

Die Lithosphäre besteht aus verschiedenen starren Platten, die auf dem flüssigen Erdmantel[1] schwimmen. Diese Platten bewegen sich langsam und stoßen dabei manchmal zusammen oder gleiten aneinander vorbei. Dadurch entstehen Gebirge, Erdbeben und Vulkane. Dieser Vorgang dauert mehrere Jahrtausende oder sogar Jahrmillionen, d.h. dass die Erde heute ganz anders aussieht als zur Zeit der Dinosaurier (von vor 150 Mio. Jahren bis vor 66 Mio. Jahren).

Das Prinzip der Plattentektonik

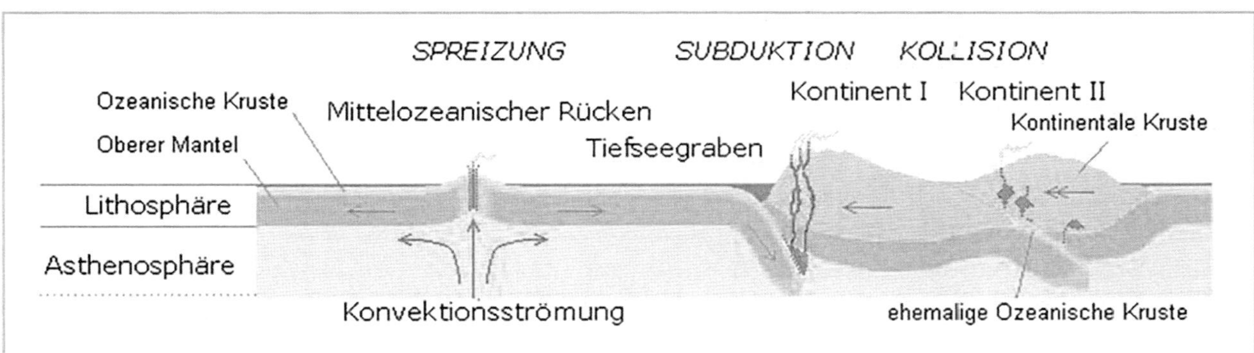

Hochgebirge können auch nach vulkanischer Aktivität entstehen. Der Berg Mauna Loa ragt mit 4169 Meter aus dem Meer und zählt zu den Hochgebirgen. Unter dem Meeresspiegel reicht er nochmal ca. 5000 m in die Tiefe. Der Mauna Loa ist einer der größten aktiven Vulkane der Erde und liegt mitten im Pazifik auf Hawaii, der größten Insel der Inselgruppe von Hawaii. Der jüngste Ausbruch begann am 27. November 2022.

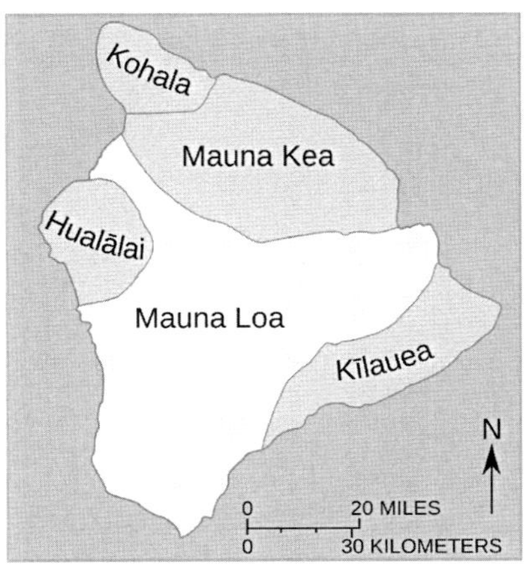

Zusammen mit 4 weiteren Vulkanen formt der Mauna Loa die Insel Hawai

Ausbruch des Mauna Loa

1 Als **Erdmantel** wird die mittlere Schale des Erdkörpers bezeichnet. Er liegt zwischen Erdkruste und Erdkern und weist eine durchschnittliche Mächtigkeit von 2850 km auf.

Hochgebirge: Entstehung – Lebensraum – Klimawandel

Lebensraum Hochgebirge – Wald- und Baumgrenze

Das Hochgebirge ist ein einzigartiger Lebensraum, der bis in mehrere tausend Meter Höhe über dem Meeresspiegel reicht. Charakteristisch für alle Hochgebirge ist ihre hohe Reliefenergie bzw. die Steilheit der Hangzone. Hochgebirge werden durch Frost und Kälte geprägt. Bedingt durch die Temperatur, die mit zunehmender Höhe abnimmt, gibt es klar abgegrenzte Wachstumszonen für die Pflanzen.

- In den Alpen liegt die Waldgrenze etwa zwischen 1700 und 2200 m.
- Darüber schließt sich das alpine Grasland an, das bis ca. 3000 m hoch reicht.
- Der Bereich über 3000 m wird als Nivale Zone bezeichnet. Hier gedeihen nur die an kurze Vegetationszeiten und niedrige Temperaturen angepassten Pflanzen.

Waldgrenze und **Baumgrenze** sind natürliche Begrenzungen im Hochgebirge.
- Von unten aus gesehen kommt zuerst die Waldgrenze als jene Linie, an der oben der geschlossene Wald endet, während man oberhalb von ihr noch einzeln stehende Baumindividuen vorfindet.
- Weiter oben folgt dann die Baumgrenze, oberhalb von dieser gedachten Linie gibt es dann gar keine Bäume mehr.

- An der Baumgrenze dominieren oft kleinere Arten wie Latschenkiefer oder Zirbelkiefer.
- Die Waldgrenze variiert je nach geografischer Lage und Klimazone.
- Forscher beobachten Veränderungen in der Wald- und Baumgrenze genau.
- **Die Baumgrenze ist ein wichtiger Indikator für Klimaveränderungen in Gebirgsregionen.**

Latschenkiefer in den Alpen

Sunntigerspitze (2321 m), Karwendel, Tirol, Österreich

Zirbelkiefer in den Alpen

KOHL VERLAG
GEBIRGE & BERGE DER ERDE
Sekundarstufe – Bestell-Nr. 13 036

Hochgebirge und Klimawandel

Hochgebirge wirken sich massiv auf das Klima ihres Umlandes aus. Ein Hochgebirge hält z. B. Winde zurück. Liegt es in Küstennähe, kann es verhindern, dass das dahinter liegende Land aus dieser Richtung mit Regen versorgt wird. Auf der einen Gebirgsseite herrscht dann besonders feuchtes und auf der anderen Seite sehr trockenes Klima.

Menschen greifen durch Waldrodungen und durch Tourismus in das natürliche Gefüge der Hochgebirge ein. Waldrodungen, z. B. für Skipisten, verursachen und begünstigen die Lawinengefahr – insbesondere für die in der Nähe lebenden Menschen. Durch den Tourismus erhöht sich die Schadstoffbelastung und zerstört durch weitere Bebauung große Teile der Natur. Hochgebirge haben sich über Jahrmillionen gebildet und sind sehr empfindliche Ökosysteme, insbesondere die zunehmend milderen Temperaturen (Klimawandel) machen ihnen sehr zu schaffen. So konnten Wissenschaftler der Universität Wien beobachten, dass innerhalb der vergangenen 15 Jahre die Artenzahl auf hohen Gipfeln um mehr als 10 % zugenommen hat. In Europa machen Hochgebirge nur rund 3 % der Landfläche aus, beherbergen aber 20 % der Pflanzenarten, d.h. dass rund ein Fünftel der europäischen Pflanzenarten nur im Hochgebirge vorkommen – viele dieser Pflanzen gibt es nur hier und sonst nirgendwo.

Der Klimawandel bedroht die Hochgebirge besonders, weil er ihre Wachstumszonen verschiebt.

In den meisten Regionen der Welt steigen die Temperaturen hauptsächlich infolge des menschlichen Ausstoßes von Treibhausgasen an.

Seit Beginn der Industrialisierung um 1800 hat der Mensch ungewollt massiv Einfluss auf den natürlichen Wärmehaushalt der Erde genommen, indem er durch die Verbrennung von fossilen Energieträgern immer mehr Kohlendioxid in die Atmosphäre eingebracht hat. Zusammen mit Wasserdampf und anderen Gasen wie Methan, Lachgas und Fluorkohlenwasserstoffen reflektiert dieses Kohlendioxid einen Teil der Wärme, die früher in den Weltraum entweichen konnte, nun zurück zur Erde. Diese wird dadurch zunehmend aufgeheizt. Weil dieser Effekt dem Prinzip eines Treibhauses ähnelt, spricht man bei den entsprechenden Gasen von Treibhausgasen: Wie die Scheiben eines Gewächshauses verstärken sie die Wärme der Sonne und halten sie zurück. Treibhausgase sind für den weltweiten Klimawandel verantwortlich.
Quelle: Bundesministerium für wirtschaftliche Zusammenarbeit + Entwicklung (BMZ), Treibhausgase

Bedingt durch die milderen Temperaturen verschwinden die winterharten Pflanzen. Denn Tiere und Pflanzen aus tieferen Regionen wandern nach oben und besiedeln jetzt Gebiete, die ihnen vorher nicht zugänglich waren, weil dort Gletschermassen den Zugang versperrten. Haben diese Pflanzen jedoch irgendwann die Gipfel erreicht und erwärmt sich die Erde weiter, werden sie auch verschwinden. Den kälteangepassten Gebirgspflanzen wie z. B. dem Alpenmannsschild und dem Gletscherhahnenfuß wird es einfach zu warm – dann wandern sie weiter nach oben – aber auch der höchste Gipfel hat einmal ein Ende.

Alpenmannsschild

Hochgebirge: Entstehung – Lebensraum – Klimawandel

Die meisten Besucher/Touristen bemerken diese allmählichen klimatisch bedingten Veränderungen kaum – etwa die durch Schneeknappheit immer weiter steigende Anzahl an Schneekanonen. Ganz anders sieht es dagegen bei „Gletschern" aus, die sich seit Jahrzehnten unaufhaltsam zurückziehen. Das gilt nicht nur für die Alpen, sondern für alle Gletscher weltweit. Der aktuelle CO_2-Gehalt in der Atmosphäre war noch nie so hoch, verglichen mit den letzten 500.000 Jahren. Diese Werte machen deutlich, wie stark der menschliche Einfluss auf unser Klima ist.

Durch den Klimawandel ziehen sich die Gletscher weltweit dramatisch zurück.
Mit dem Eis der Gletscher schwinden die hellen Flächen, die das Sonnenlicht reflektieren. Der dunkle Fels erwärmt sich wesentlich schneller. Wenn die Gletscher keinen Halt mehr geben und der Permafrost auftaut, kommt es zu Erdrutschen und Felsstürzen. Außerdem beeinflusst die Gletscherschmelze unsere Wasserversorgung negativ.

Grosser Aletschgletscher

1979 **1991** **2002**

Der **Grosse Aletschgletscher** ist der flächenmäßig größte und längste Gletscher der Alpen. Er befindet sich auf der Südabdachung der Berner Alpen im Schweizer Kanton Wallis. Die Länge des Gletschers beträgt 22,6 km, die Fläche wird mit 78,49 km² angegeben. Der Aletschgletscher entwässert über den Fluss Massa in die Rhone.

Entscheidend für das Fortbestehen eines Gletschers ist seine Massenbilanz. Darunter versteht man die Differenz zwischen Akkumulation (Vergrößerung, z. B. durch Schneefall, Ablagerung von Triebschnee und von Lawinen, Kondensation von atmosphärischem Wasserdampf und Anfrieren von Regenwasser) und Ablation (Schmelze sowie Sublimation, d.h. Übergang von Eis direkt zu Wasserdampf durch hohen Druck) sowie Abbruch von Lawinen.

Bei einem Klimawandel können sich sowohl Lufttemperaturen als auch der Niederschlag in Form von Schnee verändern und damit die Massenbilanz verschieben. Durch den Klimawandel schmelzen Gletscher ab, extreme Wetterphänomene häufen sich, Dürren und Überschwemmungen bedrohen ganze Landstriche. Hochgebirge reagieren schneller und stärker auf die globale Erwärmung und werden deshalb in der Wissenschaft häufig als Klimasensor bezeichnet und herangezogen.

KOHL VERLAG GEBIRGE & BERGE DER ERDE Sekundarstufe – Bestell-Nr. 13 036

Hochgebirge: Entstehung – Lebensraum – Klimawandel

Pflanzen im Hochgebirge – Beispiel Alpen

Als Alpenflora werden alle Pflanzen bezeichnet, die oberhalb der Baumgrenze vorkommen. Typische Baumarten des Hochgebirges sind Berg-Ahorn, Esche, Buche, Fichte und Tanne. In höheren Lagen dominieren meist die kälteharten Nadelbäume. Jenseits der Baumgrenze (alpine Zone) besteht die Vegetation hauptsächlich aus Gräsern, Moosen und Flechten, die sich den extremen Bedingungen angepasst haben. In den Alpen gibt es eine Vielzahl von Pflanzenarten. Aufgrund der unterschiedlichen Höhenlagen und klimatischen Bedingungen haben sich die alpinen Pflanzen im Laufe der Zeit an die extremen Bedingungen des Hochgebirges angepasst.

- Die Alpenflora umfasst über 2000 Pflanzenarten.
- Die Artenvielfalt nimmt mit steigender Höhe ab.
- Viele Alpenpflanzen sind an extreme Wetterbedingungen angepasst.
- Der Schutz der alpinen Flora ist wichtig für das Ökosystem.

Die Alpen sind bekannt für ihre Vielfalt an **endemischen Pflanzenarten**, d.h. diese Pflanzenarten kommen nur in den Alpen vor. Endemische Pflanzen spielen eine wichtige Rolle im Ökosystem der Alpen. Sie bieten Lebensraum und Nahrung für viele Tiere und tragen darüber hinaus zur Stabilität des Bodens bei, d.h. sie verhindern die Erosion.

Leider sind einige Pflanzenarten in den Alpen bedroht. Klimawandel und menschliche Aktivitäten wie der Bau von Skigebieten und Straßen haben negative Auswirkungen auf die alpine Vegetation. Um die endemischen Pflanzenarten zu schützen, werden Schutzgebiete eingerichtet, wird die natürliche Regeneration von Pflanzenbeständen gefördert und natürlich die Öffentlichkeit für den Schutz der alpinen Flora sensibilisiert.

Die Pflanzen der Alpenflora haben im Laufe der Zeit verschiedene Anpassungen entwickelt, um den extremen klimatischen Bedingungen standzuhalten. Dazu gehören:

✓ Um sich vor starkem Wind und niedrigen Temperaturen zu schützen, haben viele Pflanzen eine kompakte und niedrige Wuchsform.

✓ Einige Pflanzen haben behaarte Blätter und Stängel, um sich vor Kälte zu schützen und das Verdunsten von Wasser zu reduzieren.

✓ Einige Pflanzen haben verdickte Blätter, um Wasser zu speichern und den Wasserverlust durch Verdunstung zu minimieren.

✓ Viele Pflanzen haben eine kurze Blütezeit und Wachstumsperiode, um den harten Winterbedingungen zu entgehen.

✓ Die meisten alpinen Pflanzen haben tiefe Wurzeln, um Wasser aus dem tieferen Boden zu ziehen, da die oberen Bodenschichten oft gefroren sind.

✓ Alpine Pflanzen haben sich an kalte Temperaturen angepasst und überleben den Winter, weil sie ihre Stoffwechselaktivität reduzieren und ihre Zellen vor Frostschäden schützen.

Im Folgenden werden einige typische Pflanzen aus dem Lebensraum Alpen vorgestellt und beschrieben.

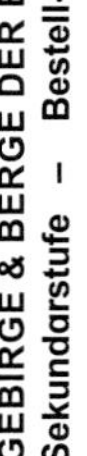

Der **Alpen-Enzian (= Stängelloser Kalk-Enzian, = echter Alpenenzian)** kommt vor allem im Westen und Südwesten der Alpen in Höhenlagen von 2000-2600 m vor. Er ist perfekt an seine Umwelt angepasst und erreicht nur eine Wuchshöhe von ca. 8 cm. Während der Blütezeit sitzt eine einzelne Glockenblüte auf einem kurzen Stängel. Der Alpen-Enzian bevorzugt kalkarme Böden und wächst auf steinigen Grasflächen und Magerwiesen.

Alpen-Enzian

Das **Alpen-Edelweiß**
ist eine der bekanntesten und symbolreichsten Alpenblumen und gilt als das Wahrzeichen der Alpen. Das Alpen-Edelweiß ist aber auch in den Pyrenäen und den Karpaten anzutreffen. Die Pflanze ist wollig-weiß-filzig und erreicht eine Wuchshöhe von 5-20 cm. Die schmalen ca. 5 cm langen Laubblätter sind an der Unterseite stark behaart. 5-15 weiß glänzende Hochblätter bilden einen mehrzackigen Stern und umgeben den eigentlichen Blütenstand. Die Blütezeit liegt zwischen Juli und September. Das Alpen-Edelweiß bevorzugt eine felsige Kalksteinumgebung auf einer Höhe zwischen 1800 und 3000 m.

Alpen-Edelweiß

Gletscherhahnenfuß

Der **Gletscherhahnenfuß**
wird bis zu 20 cm hoch und gehört zu den kälteresistentesten Pflanzen überhaupt. Er kommt in den Alpen, den Pyrenäen und Karpaten vor. Am Finsteraarhorn im Berner Oberland (Schweiz) gedeiht er bis auf 4270 m Höhe und ist damit die am höchsten anzutreffende Blütenpflanze der gesamten Alpen. Der Gletscherhahnenfuß ist eine mehrjährige Pflanze, die 2-3 Vegetationsperioden braucht, um die ersten Blüten auszubilden. Der Gletscherhahnenfuß ist durch die voranschreitende Klimaerwärmung gefährdet.

Finsteraarhorn (Ansicht von Süden)

KOHL VERLAG GEBIRGE & BERGE DER ERDE Sekundarstufe – Bestell-Nr. 13 036

Die **Alpen-Aster**
kommt von der Tallage bis auf Höhenlagen von 3100 m in den europäischen Gebirgen vor. Sie erreicht eine Wuchshöhe von 5-20 cm. Die Blütezeit reicht von Juli bis September. Der Stängel und die länglichen Laubblätter sind flaumig behaart. Der Stängel steht senkrecht oder etwas geneigt aufsteigend. Die Alpen-Aster gedeiht in Mitteleuropa am besten auf trockenen, warmen und kalkhaltigen Böden. Sie ist häufig zusammen mit dem Edelweiß anzutreffen.

Alpen-Aster

Alpen-Veilchen

Das **Europäische Alpen-Veilchen**
besiedelt nahezu den gesamten Alpenraum. Man findet es in Tallagen, aber auch in Höhen von bis zu 2000 m. Je nach Standort wird es 5-15 cm hoch und überdauert mit seiner im Boden liegenden Knolle kalte und schneereiche Winter. Alpenveilchen blühen im Zeitraum von Juni bis September.

Die **Schneeheide**
ist in den Alpen in Höhenlagen von bis zu 2700 m anzutreffen. Sie bildet kleine Büsche von bis etwa 30 cm Höhe. Die Schneeheide ist ein Schnee- und Frühblüher. Bereits im Dezember können die weißen, rosa oder violetten Blüten zum Vorschein kommen. Frost schadet der etwa bis Mai blühenden Pflanze nicht.

Blütenstand der Schneeheide

Schneeheide, blühend am Baumstumpf im Schnee

Tiere im Hochgebirge – Beispiel Alpen

Die Tiere im Hochgebirge haben unterschiedliche Mechanismen entwickelt, um über den harten Winter zu kommen. Das Murmeltier hält z. B. Winterschlaf, andere wie der Steinbock und die Gämse, der Schneehase und die Vögel bleiben aber auch im Winter aktiv. Sie werden durch ein extrem dichtes Haar- bzw. Federkleid und/oder durch eine dicke Fettschicht vor der Kälte geschützt.

Im Folgenden werden sieben bekannte Arten aus dem Lebensraum Alpen vorgestellt und beschrieben.

Gämsen leben im Rudel von bis zu 30 Tieren in einer Höhe von 1000-3500 m und sind besonders gute Kletterer. Im Sommer ist das Fell der Tiere gelblich braun und im Winter dunkelbraun bis schwarz. Die charakteristischen Hörner von Bock und Geiß sind bis zu 32 cm lang. Gämsen sind Vegetarier und ernähren sich von Gräsern, Kräutern, Pilzen, Blättern und Knospen. Gämsen werden ca. 15-20 Jahre alt.

Gämse in den österreichischen Alpen

Gämsen im Winter

Steinböcke leben in Höhen von bis zu 3200 m. Die männlichen Tiere haben bis zu 1 m lange Hörner und können schon mal 120 kg wiegen. Die weiblichen Tiere sind deutlich kleiner und leichter (bis zu 50 kg). Ihre Hörner sind ca. 35 cm lang. Das Fell der Männchen ist dunkelbraun mit gelblich weißen Flecken am Hinterteil und Rücken, das der Weibchen ist hell- bis rotbraun. Im Winter färbt sich das Fell bei Bock und Geiß gräulich. Steinböcke ernähren sich vorwiegend von Gräsern und Kräutern. Die Lebenserwartung von Steinböcken beträgt ca. 10-20 Jahre.

Steinböcke

Steinbock im Winter

GEBIRGE & BERGE DER ERDE
Sekundarstufe – Bestell-Nr. 13 036
KOHL VERLAG

Murmeltiere leben in Kolonien und verbringen 90 % ihres Lebens im unterirdischen Bau. Sie halten 6-7 Monate Winterschlaf. Murmeltiere haben ein braun-gräuliches Fell und leben in einer Höhe von bis zu 2500 m. Sie weisen eine Körperlänge von ca. 65 cm (mit Schwarz) auf und wiegen bis zu 8 kg. Murmeltiere geben schrille Pfiffe als Warnsignal ab. Murmeltiere ernähren sich von Gräsern, Kräutern, Insekten, Regenwürmern und Larven. Murmeltiere werden durchschnittlich 15 Jahre alt.

Murmeltier und Junges

Murmeltier vor dem Großglockner

Schneehasen sind Verwandte des Feldhasen, haben aber kleinere Ohren. Seinen Namen verdankt der Schneehase seinem Winterfell, das sich schneeweiß färbt. Im Sommer ist der nachtaktive Schneehase braun. Schneehasen leben in Gruppen von bis zu 100 Tieren auf einer Höhe von 1000-3500 m. Sie sind bis zu 60 cm lang und erreichen ein Gewicht von bis zu 5 kg. Schneehasen ernähren sich von Gräsern, Kräutern, Beeren und im Winter auch von Hölzern und Rinden. Schneehasen werden durchschnittlich 8 Jahre alt.

Schneehasen im Winter

Schneehasen im Sommer

Steinadler verfügen über eine Flügelspannweite von über 2 m, werden bis zu 1 m groß und wiegen zwischen 3 und 7 Kilogramm. Typisch für den Steinadler ist der gebogene, dunkelgraue Schnabel. Steinadler haben ein dunkelbraunes Gefieder, der Nacken weist eine goldene Färbung auf. Steinadler ernähren sich von Schneehasen, Murmeltieren, jungen Gämsen und Steinböcken sowie von Alpenschneehühnern. Die Lebenserwartung eines Steinadlers beträgt ca. 20 Jahre.

Steinadler

Steinadler im Flug

Bartgeier haben eine Flügelspannweite von bis zu 290 cm, werden bis zu 110 cm groß und erreichen ein Gewicht von bis zu 7 kg. Der Bartgeier ist damit größer als der Steinadler. Die mächtigen Vögel leben in hochalpinen Gebieten – im Himalaya leben Bartgeier in 7000 m Höhe. Das Revier eines Bartgeiers umfasst bis zu 300 km². Bartgeier haben ein grau- bis braun-schwarzes Gefieder, die Unterseite weist eine creme- bis rostrote Färbung auf. Bartgeier sind Aasfresser. 80 % seiner Nahrung besteht aus Knochen von toten Tieren. Bartgeier haben eine hohe Lebenserwartung von 30-40 Jahren.

Bartgeier mit Knochen im Schnabel

GEBIRGE & BERGE DER ERDE
Sekundarstufe – Bestell-Nr. 13 036
KOHL VERLAG

9 Hochgebirge: Entstehung – Lebensraum – Klimawandel

Alpendohlen haben eine Flügelspannweite von 70-85 cm, werden bis zu 35-40 cm groß und fühlen sich oberhalb der Baumgrenze wohl – in einer Höhe von 1500-3000 m. Alpendohlen haben ein schwarzes Gefieder, einen gelben Schnabel und orange-rote Beine. Alpendohlen brüten meist in Kolonien. Alpendohlen ernähren sich von Insekten, Spinnen, Schnecken und Würmern. Im Winter leben sie notgedrungen vegetarisch. Alpendohlen werden bis zu 20 Jahre alt.

Alpendohle

Alpendohlen im Hochgebirge

Aufgabe 1:  *Wie entstehen Hochgebirge?*

____

____

____

Aufgabe 2:  *Erkläre den Gletscherrückgang anhand des Klimawandels.*

____

____

____

____

Aufgabe 3: 

Diese Pflanzen und Tiere kommen in den Alpen vor. Schreibe ihre Namen in die Kästen.

  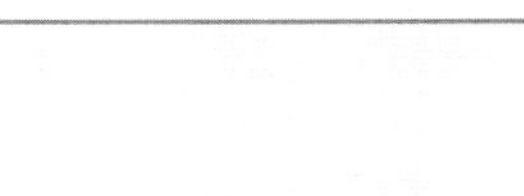

10 Die zehn längsten Gebirgszüge der Erde

Länge – Lage – Besonderheiten

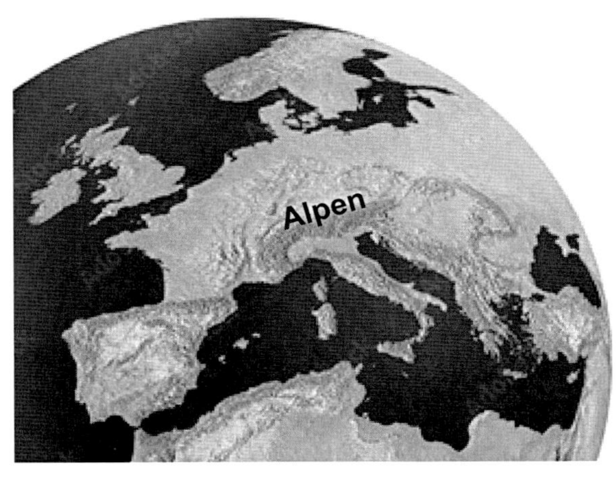

Unter einem <u>Gebirgszug</u> versteht man eine Folge hoher Berggipfel oder eine zusammenhängende Bergkette innerhalb eines größeren Gebirges. Während im Hochgebirge die Begriffe Bergkette oder Gebirgszug üblich sind, spricht man im Mittelgebirge eher von Höhenzug oder Höhenrücken, bzw. im Hügelland von einer Hügelkette. Der längste *oberirdische* Gebirgszug der Erde wird von den Anden und Rocky Mountains gebildet und reicht etwa 15.000 km von Alaska im Norden bis nach Feuerland im Süden. Man nennt ihn **amerikanische Kordilleren**. Die Alpen haben eine Länge von ca. 1200 km und erscheinen uns als ein gewaltiger Gebirgszug. Im Vergleich zu den längsten Gebirgen der Welt sind die Alpen aber verhältnismäßig klein. Im Folgenden werden die 10 längsten Gebirgszüge der Erde beschrieben und anschaulich dargestellt.

<u>Anden</u>

Die Anden sind die längste Gebirgskette der Welt. Die Anden sind ein Teil der Amerikanischen Kordilleren. Im Süden und in Ecuador sind sie bis 200 km breit, zwischen Arica (Chile) und Santa Cruz de la Sierra (Bolivien) beträgt die Ost-West-Ausdehnung über 600 km.

Länge: 7400 km

Lage: Die Anden erstrecken sich entlang der Westküste Südamerikas von Venezuela über Kolumbien, Ecuador, Peru, Bolivien, Argentinien und Chile. In den Anden befinden sich auch große Städte wie Santiago de Chile, Bogota und Medellin.

Höchster Berg: Aconcagua (6962 m); er ist der höchste Berg außerhalb Asiens und einer der *Seven Summits*.

Besonderheiten: Die Anden haben viele aktive Vulkane, darunter den Cotopaxi (Ecuador) und den Villarrica (Chile). Sie sind viel länger als die Rocky Mountains Nordamerikas (5100 km) und das Himalaya-Karakorum-Hindukusch-System in Asien (3800 km).

Südliche Anden bei Santiago, Chile

GEBIRGE & BERGE DER ERDE
Sekundarstufe – Bestell-Nr. 13 036
KOHL VERLAG

10 Die zehn längsten Gebirgszüge der Erde

Die **Rocky Mountains**
sind eine Bergkette im westlichen Nordamerika und wegen der vielen Wälder und Nationalparks ein beliebtes Touristenziel. Rocky Mountains heißt übersetzt „Felsiges Gebirge“. Zu ihren bekanntesten Nationalparks gehören der *Yellowstone Nationalpark*, der *Grand Teton Nationalpark* und der *Rocky Mountains Nationalpark*.

Länge: ca. 5100 km
Lage: Die Rocky Mountains erstrecken sich 5000 km lang durch Kanada und die USA, genauer von British Columbia bis nach New Mexico.
Höchster Berg: Mount Elbert (4399 m)
Besonderheiten: Die in der Bergkette gelegenen US-Bundesstaaten werden „*Mountain States*“ genannt. Die Rocky Mountains sind reich an Bodenschätzen. Dort entspringen zahlreiche große Flüsse wie der *Colorado River* oder der *Yukon*. Auch die Tierwelt ist vielfältig: In den Rockies leben Grizzlybären, Wölfe, Bisons, Elche und Pumas.

Gipfel des Mount Elbert (Colorado) im Winter

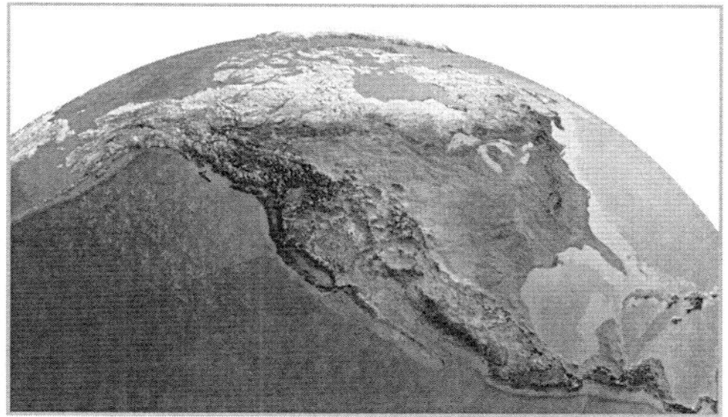

Die **Himalaya-Karakorum-Kette**
verläuft durch mehrere Länder Asiens wie Nepal, Indien, Pakistan, Bhutan und China. Mit dem Mount Everest, K2 und Kangchenjunga liegen dort die höchsten Berge der Welt. Der Indus (mit Shyok) grenzt den Karakorum von der Himalaya-Hauptkette im Südosten ab.

Länge: Himalaya: 2800-3000 km / Karakorum: 700 km, zusammen rund 3500 km
Lage: Der Himalaya erstreckt sich von Pakistan bis Myanmar (Burma), das Karakorum-Gebirge über den Norden Pakistans, den Norden Indiens und den Westen Chinas, es verläuft in einem leichten Bogen von Nordwest nach Südost.
Höchster Berg: Himalaya: Mount Everest (8848 m) / Karakorum: K2 (8611 m)
Besonderheiten: Auf der Karakorum-Konferenz 1937, vom Survey of India, der Royal Geographic Society, dem Alpine Club und dem Himalayan Club durchgeführt, war man sich einig, den Karakorum als Teil des Himalaya zu betrachten. Im Hinduismus gilt der Himalaya als „Giri-raj“ (= „König der Berge“). 10 der 14 Achttausender liegen im Himalaya sowie die Quellgebiete aller großen Flusssysteme im Süden von Asien.

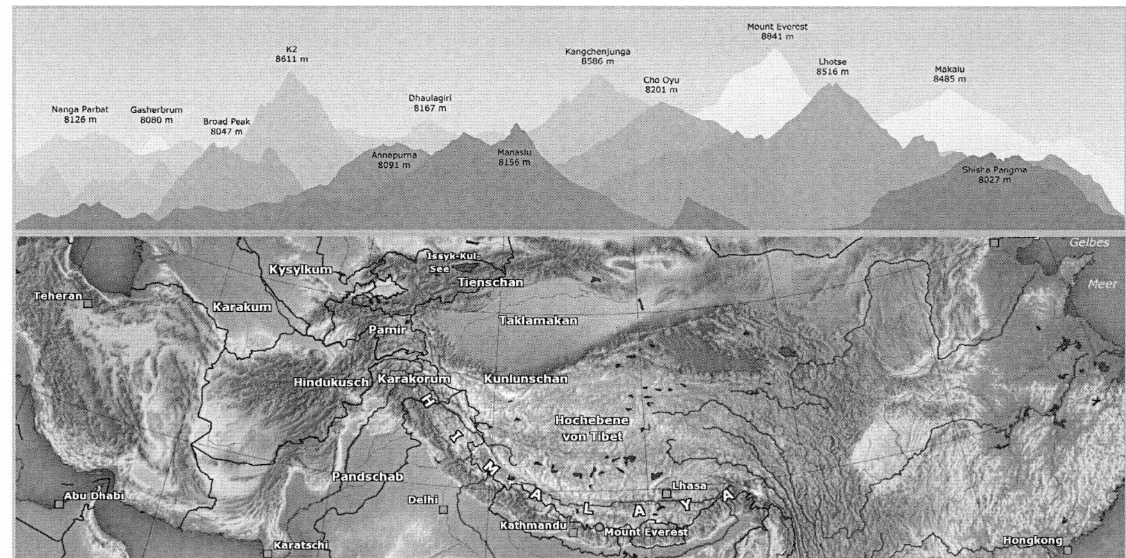

10 Die zehn längsten Gebirgszüge der Erde

Die **Great Dividing Range**
(= „Großes Scheide-Gebirge“) ist Australiens größter Gebirgszug. Das Scheidegebirge teilt das östliche Küstengebiet vom Inland ab. Eine der bekanntesten Felsformationen der Gebirgskette sind die „*Three Sisters*“ (Drei Schwestern) in den *Blue Mountains*. In der Gebirgskette liegt auch der höchste Berg Australiens – der Mount Kosciuszko.

Länge: ca. 3500 km

Lage: Die Great Dividing Range ist eine Gebirgskette im Osten Australiens, die sich vom Kap York im Norden bis zum südlichen Ende von *Victoria* zieht.

Höchster Berg: Mount Kosciuszko (2228 m)

Besonderheiten: Viele Nationalparks/Naturreservate schützen den Gebirgszug und ermöglichen die Erkundung der einzigartigen Tier- und Pflanzenwelt. Von dort wurden die Aborigines durch die Kolonisation verdrängt, nachdem die Europäer die *Blue Mountains* überwanden. Das Gebirge ist ein bedeutendes Wassereinzugsgebiet für Queensland.

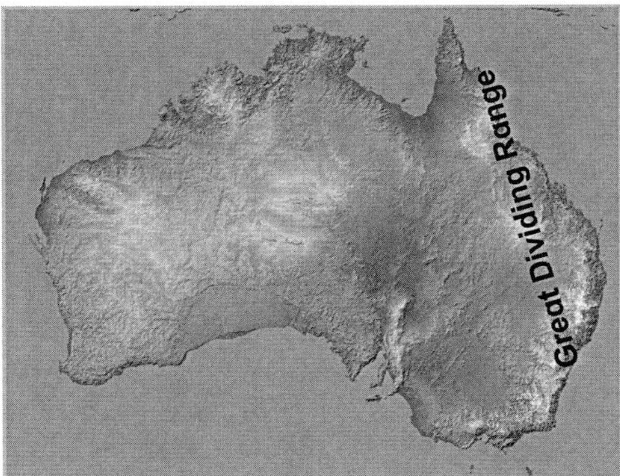

Das **Transantarktische Gebirge**
erstreckt sich von Norden nach Süden quer über die Antarktis. Es erreicht Höhen bis über 4500 m. Der 100-300 km breite Bergrücken bildet über weite Strecken die Grenze zwischen der Ostantarktis und der Westantarktis. Große Teile davon sind mit Eis und Schnee bedeckt, oft ragen nur die Spitzen der Berge aus dem endlosen Weiß. Es wurde 1841 von James Clark Ross bei der nach ihm benannten Expedition entdeckt.

Länge: ca. 3500 km

Lage: Das Gebirge verläuft quer über das ewige Eis der Antarktis, mit einigen Unterbrechungen von Kap Adare, Victorialand bis zum *Coatsland*.

Höchster Berg: Mount Kirkpatrick 4528 m

Besonderheiten: Durch das Transantarktische Gebirge werden zugleich Ost- und Westantarktis getrennt. Dieses Gebirge ist vermutlich das am wenigsten begangene Gebirge der Erde. Hier sind viele Tierarten wie Pinguine, Robben und Wale beheimatet.

Das **Brasilianische Bergland**
verläuft küstenparallel in Nord-Süd-Richtung und wird meist durch einen 300 km breiten Flachlandstreifen vom Atlantik getrennt. Nur im südöstlichen Teil Brasiliens reicht das Bergland direkt an die Küste. Typisch dafür sind bergige Landschaften am Meer wie in Rio de Janeiro – der Corcovado-Berg ist 710 m hoch und liegt nur ca. 3 km landeinwärts.

Länge:	ca. 3000 km, erreicht aber selten eine Höhe von über 1000 m
Lage:	Das Brasilianische Bergland liegt im Süd-Osten des südamerikanischen Kontinents.
Höchster Berg:	Pico da Bandeira (2892 m)
Besonderheiten:	In Süd-Nord-Richtung durchfließt der *Rio São Francisco* fast das gesamte brasilianische Bergland. Er ist mit 2900 km der viertlängste Fluss Südamerikas und der längste Fluss Brasiliens außerhalb des Amazonasbeckens. Das Brasilianische Bergland ist mit 5 Mio. km² Fläche halb so groß wie Europa.

Hügel, Berge und Vegetatioin – brasil. Bundesstaat *Minas Gerais*

Der **Kunlun**
ist ein knapp 3000 km langer Gebirgszug, der nördlich des tibetischen Hochplateaus verläuft. Der westliche Teil dieses Gebirges in China nennt sich *Prschewalski-Gebirge* und der östliche Teil *Marco-Polo-Gebirge*.

Länge:	3000 km
Lage:	Das Kunlun-Gebirge grenzt an die Taklamakan-Wüste und bildet den Nordrand des tibetischen Plateaus. Das Gebirge führt durch die Provinzen Tibet, Qinghai und Xinjiang.
Höchster Berg:	Liushi Shan (7167 m) – weitere 200 Gipfel weisen eine Höhe von über 6000 m auf.
Besonderheiten:	Das Kunlun-Gebirge wurde von Chinesen in alter Zeit als *„Ahn von zehntausend Bergen"* und *„Drachenberg"* verehrt. Große Teile des Gebirges sind lebensfeindliche Hochgebirgswüsten. Dennoch sind einige Paarhufer wie die Tibetgazelle, die Tibetantilope, der Tibet-Wildesel oder der Wildyak hier heimisch.

Westlicher Kunlun Shan

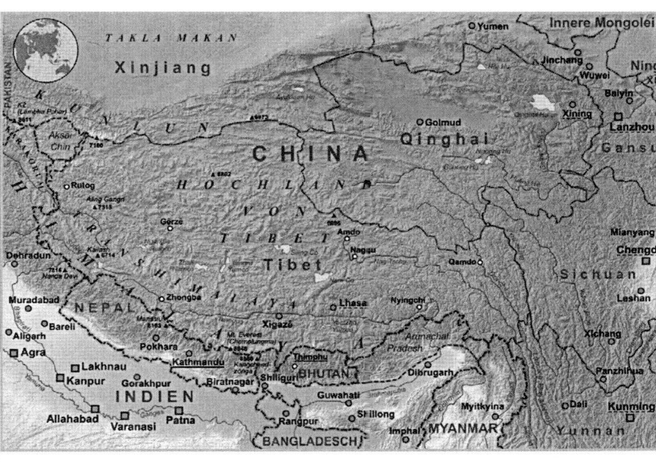

Tibetantilope

10 Die zehn längsten Gebirgszüge der Erde

Der **Tian Shan**
ist ein Hochgebirge im Norden des innerasiatischen Gebirgssystems Hochasien. *Tian Shan* bedeutet „Himmlisches Gebirge“. Gletscher bedecken etwa 13.000 km² der Hänge im Tian-Shan-Gebirge und bilden eine wichtige Wasserquelle für Landwirte und Anwohner.

Länge:	2800 km – etwa 400 km breit
Lage:	Das Gebirge erstreckt sich über Kasachstan, Kirgisistan, Tadschikistan, Usbekistan sowie das Uigurische Autonome Gebiet Xinjiang im Nordwesten der Volksrepublik China.
Höchster Berg:	Dschengisch Tschokusu (7439 m)
Besonderheiten:	Auf der Südseite des Gebirges verläuft die Seidenstraße[1] mit ihren verschiedenen Zweigrouten. Teile des Tian Shan (6068 km² in Xinjiang) wurden im Juni 2013 unter der Bezeichnung *Tian-Shan-Gebirge* zum UNESCO-Weltnaturerbe erklärt.

Die **Sumatra-Java-Kette**
liegt auf den indonesischen Inseln Sumatra und Java. Unzählige Vulkane sorgen immer wieder für Naturkatastrophen, aber auch für den besonders fruchtbaren Boden.

Länge:	ca. 2700 km
Lage:	Auf Sumatra bildet an der gesamten Westküste das Barisan-Gebirge den 1700 km langen nördlichen Teil der Kette. Auf dem vulkanischen Java setzt sich die Kette dann über 1000 km lang fort. Der Name *Bukit Barisan* bedeutet „Hügel, die eine Linie bilden“.
Höchster Berg:	Kerinci (3805 m) – er liegt im Nationalpark *Kerinci Seblat*.
Besonderheiten:	Die Bergkette besteht hauptsächlich aus faszinierenden Vulkanen im dichten Dschungel, von denen 35 aktiv sind. Auf Sumatra gehört zum Gebirgszug der Nationalpark *Barisan Selatan* (3568 km²), der zusammen mit den Nationalparks *Gunung Leuser* und *Kerinci Seblat* unter der Bezeichnung Tropische Regenwälder von Sumatra in die Liste des UNESCO-Weltnaturerbes aufgenommen wurde.

1 Als **Seidenstraße** bezeichnet man ein altes Netz von Karawanenstraßen, dessen Hauptroute den Mittelmeerraum auf dem Landweg über Zentralasien mit Ostasien verband.

10 Die zehn längsten Gebirgszüge der Erde

Der **Ural** (auch Uralgebirge genannt)
ist ein bis 1895 m hohes Gebirge. Es erstreckt sich in Nord-Süd-Richtung durch den mittleren Westen Russlands und gilt als die geographische Grenze zwischen Asien und Europa. Er ist Quellgebiet vieler Flüsse (siehe unten), zum Beispiel des Flusses *Ural*.

Länge: 2400 km

Lage: Der Ural beginnt im Norden am Karasee, verläuft 500 km nach Südwesten und dann Richtung Süden. Er endet an der kasachischen Nordgrenze.

Höchster Berg: Narodnaja 1895 m

Besonderheiten: Das Gebirge ist reich an Bodenschätzen: Eisen, Platin und Edelsteine werden hier abgebaut. Das nördliche Drittel des Urals verläuft etwa parallel zum Ob, einem großen sibirischen Strom. Seit *Wassili N. Tatischtschew* (Staatsmann, Historiker, Geograph) bildet das Ural-Gebirge zusammen mit dem Ural-Fluss einen Großteil des Grenzverlaufs zwischen Europa und Asien. Die „beiden Urale“ teilen somit den Großkontinent Eurasien in 2 ungleich große Kontinente (Fläche 10,2 bzw. 44,5 Mio. km²).

Aufgabe 1:  *Wie heißt die längste Gebirgskette der Welt? Nenne ihre Länge und beschreibe ihre Lage. (Antwort auf extra Blatt)*

Aufgabe 2:  *Durch welche Länder erstreckt sich die Himalaya-Karakorum-Kette? Nenne ihre Länge und die beiden höchsten Berge.*

Aufgabe 3:  *Ergänze das Stabdiagramm durch Verlängerung der Stäbe.*

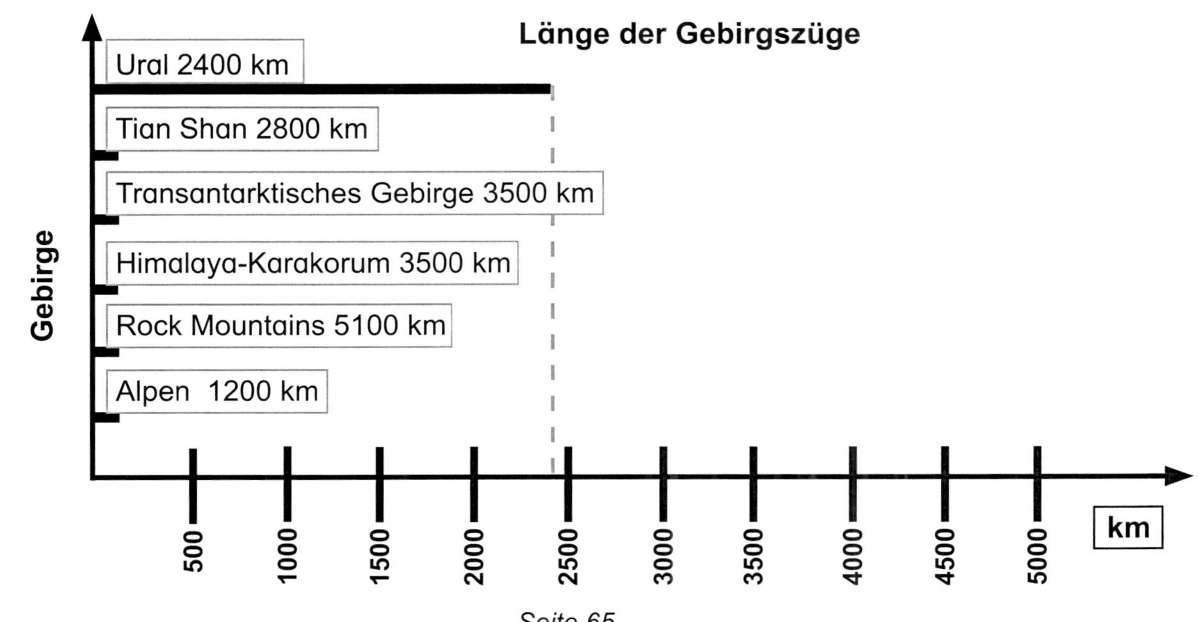

GEBIRGE & BERGE DER ERDE
Sekundarstufe – Bestell-Nr. 13 036
KOHL VERLAG

Lösungen

1. Was ist ein Hügel – ein Berg – ein Gebirge?

Aufgabe 1:
- Ein Hügel ist eine kleinere Erhebung und hat eine geringe Höhe. Er fügt sich sanft in die umgebende Landschaft ein.
- Hügel haben eine sanftere und gewölbte Form.
- Berge haben oft steile Hänge und einen ausgeprägten Gipfel.
- Ein Berg ist in der Regel viel höher und steiler als ein Hügel.
- In Deutschland und Österreich wird oft eine Mindesthöhe von etwa 300 m angegeben, um einen Berg von einem Hügel abzugrenzen. Diese Höhe ist jedoch nicht weltweit verbindlich festgelegt.

Aufgabe 2: Im allgemeinen Sprachgebrauch versteht man unter einem Gebirge eine Gruppe von Bergen, auch Gebirgsgruppe oder Gebirgszug genannt.

Aufgabe 3: Mit einer Länge von 7000 km sind die Anden das längste Gebirge der Erde über dem Meeresspiegel. Sie erstrecken sich von Norden nach Süden über die Länder Venezuela, Kolumbien, Ecuador, Peru, Bolivien, Chile und Argentinien.

2. Die höchsten Berge in Deutschland

Aufgabe 1:
- Die Zugspitze ist der höchste Berg Deutschlands mit 2962 m.
- Der Gipfel ist per Seilbahn oder zu Fuß zu erreichen.

Aufgabe 2:
- Hermann von Barth hat den Watzmann am 3. August 1871 zuerst bestiegen.
- Die Watzmann-Ostwand ist die höchste Wand der Ostalpen.

Aufgabe 3: der Hochvogel – 2592 m

3. Die zehn höchsten Berg der Erde – im Himalya (Asien)

Aufgabe 1: Edmund Hillary und Tenzing Norgay erreichten am 29. Mai 1953 den Gipfel des Mount Everest.

Aufgabe 2: Es ist der K2. Sein Spitzname lautet „Wilder Berg“.

Aufgabe 3:

Mount Everest: 8848 m

Nanga Parbat: 8125 m

Lhotse: 8516 m

4. Die höchsten Berge auf den Kontinenten (ohne Asien)

Aufgabe 1: Die jeweils höchsten Berge der sieben Kontinente werden inoffiziell als die *Seven Summits* bezeichnet. Der US-Amerikaner Richard (Dick) Bass war der erste Bezwinger aller *Seven Summits*.

Aufgabe 2: Asien: Mount Everest, 8848m
Südamerika: Aconcagua, 6962 m
Nordamerika: Denali, 6190 m
Afrika: Kilimandscharo-Massiv, der höchste Berg des Massivs ist der Kibo, 5895 m
Europa: Elbrus, 5642 m
Antarktika: Mount Vinson, 4892 m
Australien/Ozeanien: Puncak Jaya (= Carstensz-Pyramide), 4884 m

Aufgabe 3: Zuordnungen:

Aconcagua	Puncak Jaya	Elbrus

5. Was ist ein Mittelgebirge?

Aufgabe 1:
- Mittelgebirge ragen etwa 500-1500 m über den Meeresspiegel hinaus und überragen ihre Umgebung um etwa 200-1000 m.
- Die Landschaft von Mittelgebirgen ist eher hügelig und abgerundet.
- Mittelgebirge weisen starke Hangneigungen auf, die jedoch im Gegensatz zum Hochgebirge zumeist eher gerundet und weitgespannt sind.

Aufgabe 2: In Europa enden Mittelgebirge in der Höhenstufe „montan“. Sie wird daher auch „Mittelgebirgsstufe“ genannt. Teilweise ragen sie in die Höhenstufe „subalpin“ hinein.

Aufgabe 3: In Deutschland liegen alle Mittelgebirge zwischen dem Norddeutschen Tiefland und dem Alpenvorland.

6. Mittelgebirge: Entstehung – Lebensraum – Klima

Aufgabe 1: In Deutschland wird die Mittelgebirgsschwelle im Norden und Westen durch die Norddeutsche Tiefebene abgegrenzt. Im Osten bildet der Oberlauf der Oder die Grenze. Im Süden trennt die Donau die Mittelgebirge von den Alpen.

Aufgabe 2: Darunter wird die Gebirgsbildung im Mittleren Paläozoikum verstanden, die durch die Kollision von Gondwana und Laurussia sowie mehrerer von Gondwana abstammender Mikroplatten (Terranes) verursacht wurde. Gondwana lag im Süden und Laurasia im Norden. Bei diesem geologischen Prozess schoben sich Kontinentalplatten unter großem Druck übereinander. Die Kollision führte zu Erderhebungen im ganzen heutigen Europa und zur Bildung von Gebirgen.

Aufgabe 3:

Luchs

Uhu

Graues Langohr

Brocken-Mohrenfalter

7. Mittelgebirge in Deutschland

Aufgabe 1: In Bayern liegen der Spessart, die Rhön, das Fichtelgebirge, die Fränkische Alb und der Bayerische Wald.

Aufgabe 2:

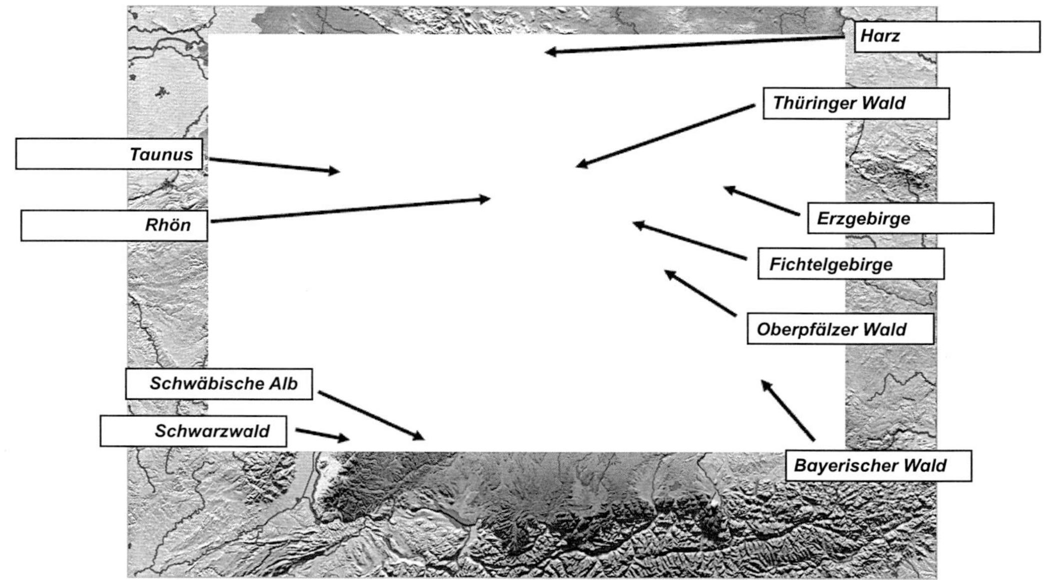

7. Mittelgebirge in Deutschland

Aufgabe 3:

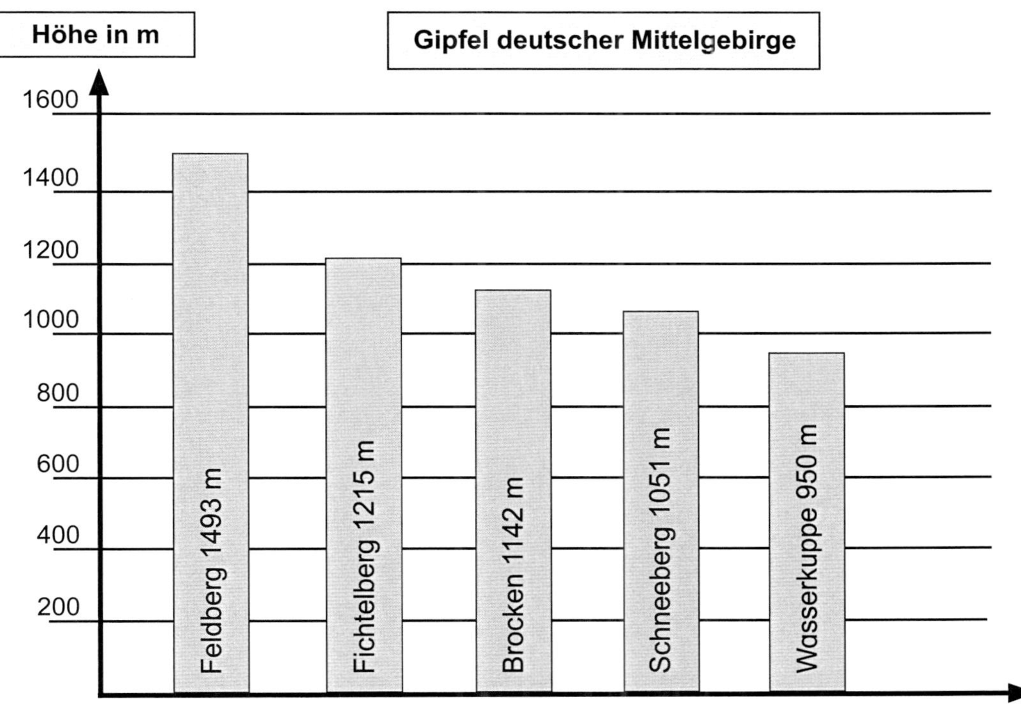

8. Was ist ein Hochgebirge?

Aufgabe 1: Manche gehen von einer Höhe von 1000 m aus, andere sprechen erst ab einer Hohe von 1500 m oder sogar von 2000 m von einem Hochgebirge.

Aufgabe 2: Auf 100 m Höhe steigt die Niederschlagsmenge um 50-120 mm. Weil kalte Luft weniger Feuchtigkeit speichern kann als warme, regnet oder schneit es oben mehr bzw. öfter als unten im Tal.

Aufgabe 3: Ab 3000 m Höhe spricht man von der Nivalen Höhenstufe. Ihre Kennzeichen sind felsige Gipfelbereiche mit manchmal ganzjährig Schnee. Hier gibt es nur an die extremen Witterungsbedingungen angepasste Pflanzen (Gletscher-Hahnenfuß, Flechten, Moose).

9. Hochgebirge: Entstehung – Lebensraum – Klimawandel

Aufgabe 1: Hochgebirge entstehen, wenn zwei Lithosphärenplatten (Kontinentalplatten) aufeinanderstoßen. Es handelt sich dabei um Platten in der Erde, die sich ständig sehr langsam verschieben. Treffen sie aufeinander, kann der Druck, den sie aufeinander ausüben, zum Auftürmen von Gebirgen führen.

GEBIRGE & BERGE DER ERDE
Sekundarstufe – Bestell-Nr. 13 036
KOHL VERLAG

9. Hochgebirge: Entstehung – Lebensraum – Klimawandel

Aufgabe 2: Durch den Klimawandel und die damit einhergehenden milderen Temperaturen ziehen sich die Gletscher weltweit dramatisch zurück. Mit dem Eis der Gletscher schwinden die hellen Flächen, die das Sonnenlicht reflektieren. Der dunkle Fels erwärmt sich wesentlich schneller. Wenn die Gletscher keinen Halt mehr geben und der Permafrost auftaut, kommt es zu Erdrutschen und Felsstürzen. Außerdem beeinflusst die Gletscherschmelze unsere Wasserversorgung negativ.

Aufgabe 3:

Alpen-Edelweiß

Alpen-Enzian

Gämse

Murmeltier

10. Die zehn längsten Gebirgszüge der Erde

Aufgabe 1: Die Anden sind 7400 km lang und erstrecken sich entlang der Westküste Südamerikas von Venezuela über Kolumbien, Ecuador, Peru, Bolivien, Argentinien und Chile. In den Anden befinden sich auch große Städte wie Santiago de Chile, Bogota und Medellin.

Aufgabe 2: Die Himalaya-Karakorum-Kette verläuft durch Nepal, Indien, Pakistan, Bhutan und China.
Länge: Himalaya: 2800-3000 km / Karakorum: 700 km, zusammen rund 3500 km
Höchste Berge: Himalaya: Mount Everest (8848 m) / Karakorum: K2 (8611 m)

Aufgabe 3:

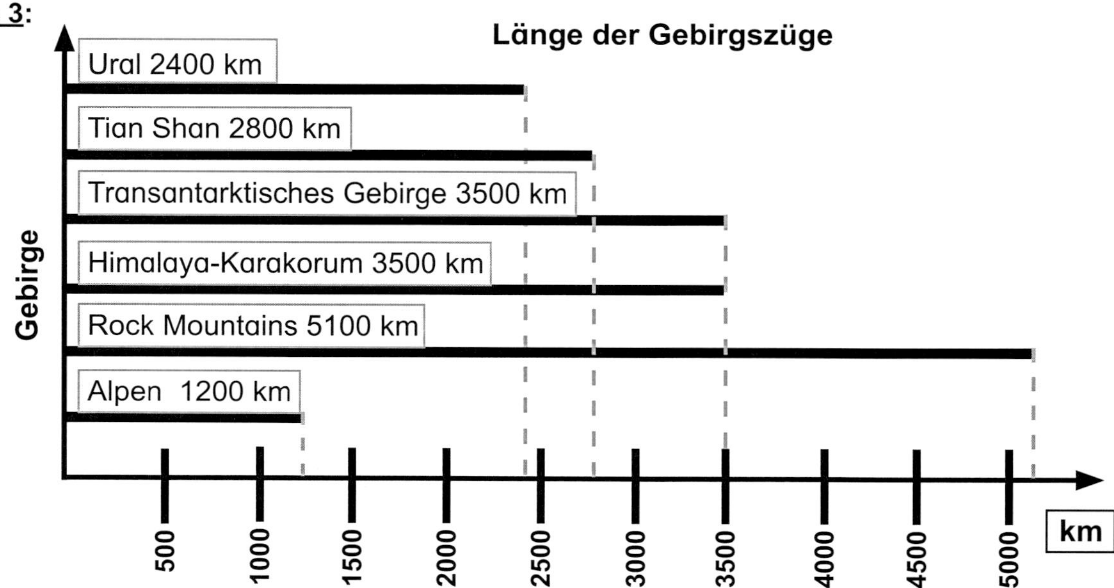

Bildquellen

Bildquellen © AdobeStock.com:

S. 2: Africa Studio; **S. 4**: Hussain, Andris; **S. 6**: smallredgirl, ellfoto; **S. 7**: Ars Nova, Pierre-François; **S. 14**: jan stopka; **S. 15**: Hussain, jan stopka; **S. 16**: Photology, jan stopka, kiwisoul; **S. 17**: jan stopka, skazzjy, Dean Moriarty; **S. 18**: jan stopka, Rungthum, Harald Glanzer; **S. 19**: Анастасия Смирнова, jan stopka; **S. 20**: tonefotografia, jan stopka; **S. 21**: Dariusz Kopestynski, Pav-Pro Photography, pecorb; **S. 22**: Jeffery, evenfh, pecorb, Tatyana_Drujinina, Henrie **S. 23**: evgenyshch, pecorb, khulisara, Wolfgang; **S. 24**: Richard, Jeffery, pecorb (2x), Pav-Pro Photography, evgenyshch; **S. 25**: pyty, DigitalParadise, zoni, Na Zlm, draftphic, Elena; **S. 26**: Claudia Evans;**S. 27**: rammi76; **S. 31**: stefanasal; **S. 32**: spline_x, Garmon, Wolfilser, Andrzej Tokarski; **S. 34**: vaclav, creativenature.nl; **S. 36**: vaclav; **S. 37**: Arid Ocean; **S. 39**: Artalis-Kartographie (2x); **S. 40**: mojolo;**S. 45**: lesniewski (2x); **S. 41**: Bildagentur-o; **S. 43**: obias; **S. 44**: Arid Ocean; **S. 45**: Spencer; **S. 46**: Ars Nova; **S. 50**: Aggi Schmid, Adamus; **S. 51**: Ulrich; **S. 54**: Marc, PHG Pictures; **S. 55**: H. Rambold; **S. 56**: Veronika, manuel, Andrea Izzotti, BerndVollmer; **S. 57**: Astrid Gast, gelilewa, Aggi Schmid, jamie; **S. 58**: Margit Power, Bouke, Martin Mecnarowski; **S. 59**: 500cx, anzebizjan, PHG Pictures, Marc, Veronika, gelilewa; **S. 60**: Spencer, mozZz; **S. 61**: swkrullimaging, mozZz, Dariusz Kopestynski; **S. 62**: Gejsi; **S. 63**: Fred Pinheiro, Hank; **S. 64**: bogdanserban; **S. 66**: jan stopka; **S. 67**: pecorb (2x), Pav-Pro Photography, evgenyshch; **S. 68**: vaclav, Arid Ocean; **S. 70**: PHG Pictures, Marc, Veronika, gelilewa

Bildquellen © wikimedia.org:

S. 9: Octagon, Bbb; **S. 10**: Günter Seggebäing, N_Heinrich Stürzl; **S. 11**: Jörg Braukmann, böhringer friedrich; **S. 12**: Jörg Braukmann, Martin Kraft; **S. 13**: Martin Kraft; **S. 14**: Luca Galuzzi; Lencer; **S. 15**: gemeinfrei; **S. 26**: Serie_A-de_Thoroe; **S. 27**: Thomas Wozniak; **S. 29**: Woudloper, Nefronus; **S. 30**: User-NordNordWest; **S. 31**: Heikki Valve; **S. 32**: Dr. Hans-Peter Ende, Antony.sorrento, MPF; **S. 33**: JesterWr, Bamse; **S. 34**: Hejkal, Siga; **S. 35**: Michael Linnenbach, Thomas Kraft, Kamil, Jyrki Salmi, Andrei Sakhno, Christian Fischer, Luc_Viatour; **S. 36**: Böhringer Friedrich, Joan Carles Hinojosa Galisteo, Kamil, Andrei Sakhno; **S. 39**: Thomas Berwing, Avarim; **S. 40**: Alexrk2, Thilo Leibelt, Bamse, Rosa-Maria Rinkl; **S. 41**: Thoroe (2x), Captainoliver; **S. 42**: Thoroe (2x), Elop, Moritz Grenke; **S. 43**: Thoroe (2x), Konrad Lackerbeck, Schmid Marco; **S. 46**: Dirk Beyer; **S. 47**: Haneburger; **S. 48**: gemeinfrei; **S. 49**: Pearl, Hawaii Volcano Observatory; **S. 50**: Kogo; **S. 52**: L. Albrecht-Pro Natura Zentrum Aletsch; **S. 54**: Hans Hillewaert, Carsten Steger; **S. 55**: Dcrjsr, Messenien_Koppi2, Leo Michels; **S. 60**: Christoph Kohler; **S. 61**: Captain Blood; **S. 62**: flagstaffotos, NASA-JPL-NIMA, Rbrausse; **S. 63**: Captain Blood, Nick Kent-Basham, Lencer; **S. 64**: Chen Zhao, Benutzer-Geof; **S. 65**: Daniel Hauptvogel and Virginia Sisson, ugraland; **S. 66**: Martin Kraft; **S. 68**: Kamil, Andrei Sakhno, Joan Carles Hinojosa Galisteo

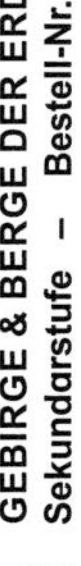

Rudi Lütgeharm

Wochenplan Erdkunde

Die Struktur der Wochenpläne vermittelt ganz klar, was an welchem Tag zu erledigen ist, die Kompetenzen Selbstorganisation und Ausdauer werden dabei gefördert. In kleinen Portionen werden hier die Bereiche Globus/Gradnetz/Pole, vom Luftbild zur Karte mit Maßstab/Symbolen, schnelles Zurechtfinden im Atlas, Deutschland/Europa politisch – Bundesländer, Staaten, Einwohner – und landschaftlich – Flüsse, Gebirge – abgedeckt.

5 6 7 8 9 10

108 S.	Klasse 5	12 587	ab 19,99 €
116 S.	Klasse 6	12 588	ab 18,49 €
128 S.	Klasse 7	12 777	ab 21,49 €
116 S.	Klasse 8	12 778	ab 21,49 €
100 S.	Klasse 9/10	12 945	ab 19,99 €

Rudi Lütgeharm

Stationenlernen Erdkunde

An jeder Station erhalten die Schüler ausführliche Angaben/Infos zum jeweiligen Thema, leicht verständliche Aufgabenstellungen sowie Arbeits- und Lösungsblätter. Unter Berücksichtigung der unterschiedlichen individuellen Voraussetzungen erfolgt eine differenzierte Gestaltung der Stationen.

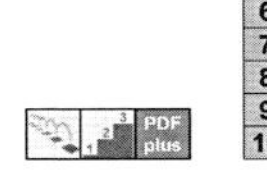

5 6 7 8 9 10

72 S.	Klasse 5/6	12 328	ab 15,99 €
88 S.	Klasse 7/8	12 329	ab 17,49 €
88 S.	Klasse 9/10	12 330	ab 16,49 €

Friedhelm Heitmann

Erdkunde – Kurz, knapp & klar

Diese umfassenden Erdkunde-Arbeitsblätter vermitteln das wichtigste geographische Grundwissen. Es werden wichtige Bereiche erläutert und mit Arbeitsaufträgen oder Spielvarianten in der Gruppe gefestigt. Diese Materialsammlung gibt ein solch fundiertes geographisches Wissen, dass sie auch als Erdkunde-Portfolio oder als Erdkunde-Jahresmappe verwendet werden kann! Optimales Freiarbeitsmaterial zur Wiederholung und Auffrischung vorhandenen Lernstoffes.

5 6 7 8 9 10

92 Seiten	12 331	ab 17,49 €

FÖ PDF plus

Friedhelm Heitmann

Einfach Erdkunde

Elementares Wissen leicht erklärt

Verständlich formulierte Texte und Aufgaben helfen in diesem Band, elementare Kenntnisse im Fach Erdkunde zu vermitteln, festigen und zu kontrollieren. Neben umfassend vorbereiteten praktischen Übungen bietet das Werk ergänzende Tests und Lernzielkontrollen, die auch einen fachfremden Einsatz erleichtern.

5 6 7 8 9 10

76 Seiten	12 240	ab 15,99 €

FÖ PDF plus

Friedhelm Heitmann

Allgemeinwissen fördern ERDKUNDE

Grundkenntnisse fachgerecht in kleinen Portionen

Eine gute Allgemeinbildung ist wertvoll und sinnvoll. Doch leider fällt es vielen Jugendlichen durch den starken Einfluss der medialen Welt heute zunehmend schwerer, ihr Allgemeinwissen in mehreren Bereichen zu erweitern. Genau hier knüpft dieser Band an. Innerhalb des Fachbereiches vermittelt das Unterrichtsmaterial ein Basiswissen in kleinen Portionen, das dem Allgemeinwissen förderlich ist.

5 6 7 8 9 10

96 Seiten	11 600	ab 15,99 €

FÖ PDF plus

Friedhelm Heitmann

Allgemeinwissen fördern Natur & Umwelt

Grundkenntnisse in kleinen Portionen vermitteln

Eine gute Allgemeinbildung zu haben ist wertvoll und für viele selbstverständlich. Genau hier knüpft dieser Band an! Das Unterrichtsmaterial vermittelt ein Basiswissen in kleinen Portionen, das dem Allgemeinwissen förderlich ist. Sämtliche Kopiervorlagen sind mit klar formulierten Infotexten, dazu ausgearbeiteten Aufgaben und Lösungen, die auch zur Selbstkontrolle genutzt werden können, ausgestattet.

5 6 7 8 9 10

52 Seiten	12 760	ab 14,99 €

FÖ PDF plus

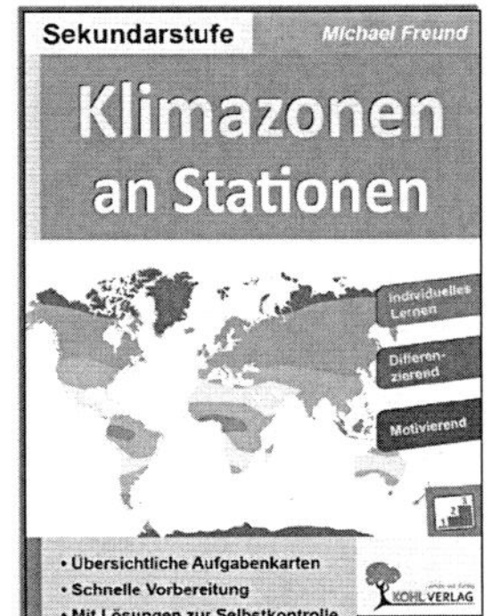

Michael Freund

Klimazonen an Stationen

Die Gliederung der Erde aufgrund des jeweiligen Klimas nach Zonen ist zunächst einmal übersichtlich von Norden nach Süden. Weil aber zum Beispiel die große Landmasse Asiens im Norden der größeren Wassermenge im Süden gegenüber steht, führt dies auf den Kontinenten doch zu interessanten Effekten. So und ähnlich verteilt sich das Thema in drei Niveaustufen auf die einzelnen Stationen. An Auswirkungen auf Lebensräume, Kulturen, Wirtschaft aktuell und in der Veränderung kann gut angeschlossen werden. Der Band weckt mit seiner Sicht somit sicherlich auch Interesse bei bisher weniger engagierten Schülern.

5 6 7 8 9 10

72 Seiten	12 948	ab 15,99 €

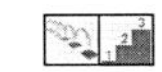

Rudi Lütgeharm

Wüsten & Steppen der Erde

Spannendes Unterrichtsmaterial zu einem hochinteressanten Thema. Das Interesse der Schüler wird mit motivierendem Tabellen- und Kartenmaterial geweckt, das zum Teil in Ausschnitten zum Ergänzen angeboten wird. Hinterher hat man anderen einiges voraus, die oft nur die Sahara „kennen“. Besonders spannend: Wie überleben in diesem Klima Pflanzen und Tiere? Sah es dort früher einmal anders aus?

5 6 7 8 9 10

72 Seiten	12 947	ab 15,99 €

Rudi Lütgeharm

Ozeane & Meere der Erde

Unter einem Meer/Ozean versteht man die miteinander verbundenen Gewässer der Erde, die die Kontinente umgeben, im Gegensatz zu den auf Landflächen liegenden Binnengewässern. Die einzelnen Kapitel vermitteln ein grundlegendes Wissen mit vielen spannenden und abwechslungsreichen Schwerpunkten.

5 6 7 8 9 10

72 Seiten	12 946	ab 15,99 €

Tobias Vonderlehr

Klimazonen & Landschaften

Von der Taiga bis zum Regenwald

Von der polaren Zone über die gemäßigten Breiten bis hin zu den Tropen wird die globale Vielfalt kennengelernt. Die Lebensbedingungen unter den Naturgegebenheiten, Fauna & Vegetationen werden thematisiert. Die Landschaften der Gebirge, der Savannen und Wüsten werden ebenfalls behandelt.

56 Seiten	11 965	ab 14,49 €

5 6

Anne Scheller

Der Regenwald – Die grüne Lunge der Erde

Inhalt: *Regenwald - was ist das? (unterschiedliche Waldarten, Länder mit Regenwald, Tropengürtel); Ökosystem tropischer Regenwald (Wetter, Wasserkreislauf, CO_2-Ausstoß); Pflanzen (Stockwerkbau); Tiere (Artenvielfalt); Zerstörung des tropischen Regenwaldes (Abholzung, Tropenholz) u.v.m.*

5 6 7 8

64 Seiten	10 950	ab 13,49 €

Gabriela Rosenwald

Die Arktis als Lebensraum

Der Nordpol in Zeiten des Klimawandels

Inhalt: *Arktis und Nordpol – Überblick; Die Arktis und der Nordpol; Menschen in der Arktis; Eisberge; Polarnacht und Sommersonnenwende; Vegetationszonen der Arktis; Tiere der Arktis; Vögel und Fische; Wasservorkommen auf unserer Erde; Probleme der Arktis u.v.m.*

5 6 7

40 Seiten	11 880	ab 12,49 €

Gabriela Rosenwald

Plastik – Eine Gefahr für die Umwelt

Plastik ist praktisch, vermüllt aber unsere Umwelt ... Doch was ist Plastik genau und wie entsteht es? Dieser Band beschäftigt sich mit der Geschichte und der Entstehung von Plastik, mit dessen Vorteilen und den gewaltigen Problemen für Umwelt und Natur. Auch die Schattenseiten werden in diesem Band ausführlich beleuchtet.

5 6 7 8

56 Seiten	12 974	ab 14,49 €

PDF plus

Alfred Winter

Umwelt & Umweltschutz

Warum Nachhaltigkeit sehr wichtig ist

In dieser Lernwerkstatt wird anhand der Themen „Energie gehört zum täglichen Leben“, „Umweltschutz und Energiesparen“, „Umwelt- und Gesundheitsschutz“ sowie „Müll - weniger ist mehr!“ ein Überblick über den Schutz unserer Umwelt gegeben.

5 6 7 8 9 10

56 Seiten	11 361	ab 14,49 €